BRUCKMANNS MOTORRADFÜHRER

Oberbayern

ROADBOOKS – KARTEN – TIPPS

**Petra Balzer (Text) und
Nick Lass (Fotos)**

BRUCKMANN

Unser komplettes Programm:

www.bruckmann.de

Produktmanagement: Carl-Christian Steinbeißer
Satz: imprint, Zusmarshausen
Repro: Cromika s.a.s., Verona
Kartografie: Anneli Nau, München
Umschlaggestaltung: Zehentner & Partner, München
Printed in Italy by Printer Trento S.r.l.

Alle Angaben dieses Werkes wurden vom Autor sorgfältig
recherchiert und auf den aktuellen Stand gebracht sowie vom
Verlag geprüft. Für die Richtigkeit der Angaben kann jedoch
keine Haftung übernommen werden. Für Hinweise und Anre-
gungen sind wir jederzeit dankbar. Bitte richten Sie diese an:
Bruckmann Verlag
Produktmanagement
Postfach 80 02 40
D-81602 München
E-Mail: lektorat@bruckmann.de

Bildnachweis: Sämtliche Bilder stammen von Nick Lass;
außer S. 138/139, 140/141, 142: Heinz E. Studt

Die Deutsche Nationalbibliothek – CIP-Einheitsaufnahme
Ein Titeldatensatz für diese Publikation ist bei der Deutschen
Nationalbibliothek erhältlich.

2. aktualisierte Auflage
© 2009, 2002 Bruckmann Verlag GmbH, München
ISBN: 978-3-7654-4841-6

Weitere Titel aus der Reihe
BRUCKMANNS MOTORRADFÜHRER

ISBN 978-3-7654-4632-0

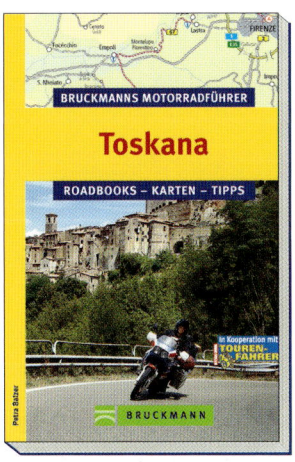

ISBN 978-3-7654-4853-9

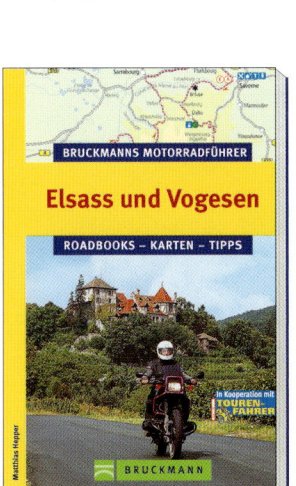

ISBN 978-3-7654-4843-0

Inhalt

Oberbayern Land und Leute

Bayern ist ein stattliches Land und in seiner kernigen Vielfalt einzigartig: grandiose Bergwelt, anmutiges Voralpenland mit charakteristischen Flüssen und einladenden Seen, welligen Hügeln und weiten Ebenen. Dazu Städte und Stätten voller Kunst und Kultur. Man muss Bayern einfach lieben, seinen Charme und die barocke Fülle seiner Natur.

Die bayerischen Seen sind Orte des Gemüts und gehören zu den begehrtesten Plätzen dieser Welt – die glitzernden Seen sind zum Sterben schön, so wie der Starnberger See, in dem der Märchenkönig Ludwig II. sein tragisches Schicksal fand. 20 Millionen Menschen strömen alljährlich in den Süden der Republik, der mit Neuschwanstein, dem Oktoberfest, Brezn, Weißwurst und München lockt.

Berge voller Mountainbiker, die Alpenstraßen voll mit Bikern und wo der Wildbach rauscht, da schweben durch den weißblauen Himmel Paraglider, die die Rafter aus der perfekt inszenierten Wildnis von unten betrachten. Andernorts fliegen die Golfbälle durch die Luft oder jodeln die Preißn beim Trekking in den Alpen. Getrost kann der Bayer behaupten, dass sein Land das größte Outdoor-

Balkon-
blumenromantik
in Marquartstein

Oberbayern

Zentrum Deutschlands ist und statt Love-Parade wirbt das Land mit seinen trinkfesten Maß-Menschen, die das Brauchtum noch pflegen. Geranien leuchten, beschaulich bimmeln die Zwiebeltürme und die rehbraunen Rindviecher machen das trügerische Bild einer harmonischen bayerischen Welt perfekt. Ab und zu gibt es aber auch Katastrophen, z.B. wenn eine Feuerkugel im Nördlinger Ries einschlägt oder der bayerische Wald von einer Käferart verschlungen wird.

Der Bayer und die Preißn

Das Land erschöpft sich allerdings nicht in idyllischen Klischees, – und wenn Sie dem Volk aufs Maul schauen und die Augen aufmachen, erfahren Sie noch mehr von der faszinierenden Gegensätzlichkeit und den unterschiedlichen Facetten des Zusammenlebens: »Hier verunglückte ein Bayer und ein Preiß! Für den Bayern bete, o Wandersmann – der Preiß geht dich an Scheißdreck an«, ist in der Jachenau als Marterl-Inschrift zu lesen.

Ein großes Mysterium ist für all jene, die oberhalb des »Weißwurstäquators« leben, die bayerische Seele. Grantig und bärbeißig, gemischt mit einer gehörigen Portion bayerischen Selbstbewusstseins. Das drückt sich aus im »Mia san mia!« und erklärt vielleicht auch den ewigen Drang des Bayern, sich von allem Fremden abzusetzen. Besonders zu leiden haben da die »Preißn« – ein Feindbild, das nicht näher bestimmt ist, aber mit Eifer gepflegt wird. Sakrisch fuchsen vor allem die Preißn, die Weiß-Blau stur für Blau-Weiß halten und wegen der für die Folklore wichtigen Kuhglocken zum nächsten Kadi rennen, weil sie das Gedröhn stört.

Das ist ein Schmarrn und da weiß sich der Bayer zu retten, denn wer traditionell an der Spitze ist – von Weiß-

Seite 9:
Pausenplausch
in Sichtweite
des Kaiser-
gebirges

Oberbayern

Das bayerische Meer: der Chiemsee

bier bis High Tech und Papsttreue –, dem kann man nichts. Echte Bajuwaren genießen ihr Dasein als selbstbewusste Exoten, denn im Zeitalter galoppierender Trends sind sie Originale und bleiben sich auch treu. Ein gestandener Bayer, der etwas auf sich hält, trägt seine »Lattr« (Lederhose) und ein Charivari. Dies ist eine silberne Trachtenkette mit zahlreichen hübschen Schmuckstücken, meist kleinen Jagdtrophäen. Sie ziert nicht selten den stattlichen Leib seines Trägers. Die traditionelle Bayerin steht dem Mann in nichts nach und trägt zu allen Anlässen ihr Dirndl, das ihr aber eigentlich nur dann steht, wenn sie

auch »Holz vor der Hüttn hat«! Überhaupt ist der Bayer Sinnbild eines barocken Lebensstils und die deftige Küche tut ihr Übriges.

Biergärten – Oasen bayerischen Glücks

Die urigen Gasthöfe und Biergärten gelten als Oasen bayerischen Glücks. Lüftlmalereien, Schnitzereien und üppiger Blumenschmuck auf den Balkonen zeugen vom Sinn fürs Schöne. Die Biergärten haben ihren Ursprung in den Lagerkellern, die die Brauereien zur Nachgärung ihres Biers anlegten. Damit der Gerstensaft im Sommer schön kühl blieb, pflanzte man über den Kellern Kastanienbäume, die Schatten spendeten – der Grundstein für die Biergärten war gelegt. Anfangs durfte kein Essen an die Gäste verkauft werden und so brachten diese ihre Brotzeit selbst mit, eine Tradition, die bis heute anhält, auch wenn die Biergärten heute einige Verkaufsstände haben. Die Palette reicht vom urigen Bilderbuch-Landgasthof bis zu urbayerischen Biergärten, die alle zwingend zum bayerischen Leben gehören, und wer einen solchen in Bayern besucht, wird selten enttäuscht: Die Mannsbilder an der Schänke und die Bedienungen strengen sich mächtig an. Der bekannteste in München ist wohl der Biergarten am Chinesischen Turm – da gibt es keine Standesunterschiede: Die Nackerten vom Eisbach ziehen sich flugs was über und gesellen sich zu Punks, Bankern oder bayerischen Urtypen und helfen bei Obatzda und bei einer Maß mönchischem Bier – das Maß aller Dinge – die Welt zu verbessern.

Oberbayern

Wahrzeichen Bayerns: der Maibaum

Dieses Klischee hat sich dank der Paulaner-Werbung auch bei den »Zuagroasten« bis in die letzte Hirnwindung festgesetzt. Den Wittelsbachern ist im Übrigen das bayerische Reinheitsgebot zu verdanken, nach dem das Bier nur aus Gersten- bzw. Weizenmalz, Hopfen, Hefe und Wasser bestehen darf. Den Mönchen ist dagegen das bayerische Starkbier zu verdanken – galten sie doch als Pioniere und wahre Meister der Braukunst. Sie versorgten sich in der Fastenzeit mit dem nahrhaften und kalorienreichen Starkbier. Heute bildet die Starkbierzeit (März) mit ihren -ator-Bieren (wie z. B. das Salvator) die fünfte Jahreszeit.

Die Bayerische Küche

Die bayerische Küche ist so bodenständig wie der Bayer selbst. Zwar hat sie sich ein paar Gerichte aus Tirol und Schwaben einverleibt, aber das tut heute nichts mehr zur Sache. Was auf den Tisch kommt, ist herzhaft und deftig – und manchmal auch gewöhnungsbedürftig. Die »Schmankerln« bestehen aber nicht nur aus den knusprigen Schweinsbraten und Schweinshaxen, deftigen Blut,- Leber- oder den einzigartigen Weißwürsten. Damit Sie einheimische Bedienungen auch verstehen, nachstehend eine kleine Übersetzungshilfe:

Bayerisches Küchenlexikon

Anddn	*Ente*
Blaugraud	*Rotkohl*
Breezn	*Brezel*
Eadebbfisolod	*Kartoffelsalat*
Fleischbflanzl	*Frikadelle*
Gradwiggal	*Kohlroulade*
Lewagnedlsubbm	*Leberknödelsuppe*
Lewakaas	*Leberkäse*
Radi	*Rettich*
Reiwadadschi	*Kartoffelpuffer*
Semmignedl	*Semmelklöße*
Schwammal	*Pilze*
Wammerl	*Schweinebauch*
Lüngerl	*gekochte und kleingeschnittene Lunge*
Beuscherl	*Kalbslunge mit Herz und Milz*
Wiaschddl	*Würste*
Semme	*Brötchen*
Wuaschddsolod	*Wurstsalat*

Marterl und Spitzentechnologie

Wer einmal die prächtigen Kirchen in all ihrer Herrlichkeit im Bayernland gesehen hat, der weiß, dass der Gott katholisch und ein Bayer sein muss, denn nicht umsonst wird der Sohn in Oberammergau (bei den Festspielen) ans Kreuz geschlagen, hängt in jedem Klassenzimmer ein Jesus und als Marterl in Almen und an Feldern. Gott hat das Land gesegnet, denn Bayern ist eines der reichsten Bundesländer. Bodenständig und kosmopolitisch öffnet sich der Freistaat den zukünftigen Technologien, Spitzenprodukte der Auto-

marken aus München und Ingolstadt erobern die Straßen und im Weltall grüßt bayerische Technologie und München leuchtet.

Seite 14:
Unterwegs
im Inntal

Die Millionenmetropole ist zugleich Megadorf und Bavarian Valley und vereint nonchalant Loden und Luxus. Nach New York ist München die Stadt mit den meisten Buchverlagen und nach Hamburg die Stadt mit den meisten Zeitungsverlagen. Finanzen und High-Tech spielen ebenfalls eine wichtige Rolle.

»A Moadsgaudi«

Der Katholizismus ist schuld, dass die Bayern so viel feiern, denn der hat das Land und das Volk geprägt und so ist bei Festen und anderem Brauchtum auch das Kreuz meist dabei. Manch religiöse Feiern sind aber auch Feste fürs gemeine Volk, das bei Blasmusik und Maßkrug sich voll barocker Lebenslust amüsiert. Das bekannteste und größte Fest Bayerns ist das Münchner Oktoberfest, bei dem man irgendwann in einem Bierzelt landet – denn die Maß ist das Maß aller Dinge. Damit das Warten aufs Oktoberfest nicht zu lang wird, feiert der Münchner z.B. die Fasnacht ausgiebig, die mit dem Unsinnigen Donnerstag beginnt, sich über den Rußigen Freitag, den G'schmalzenen Samstag zum Faschingssonntag, -montag und -dienstag steigert. Damit aber auch zu anderen Jahreszeiten was los ist, gibt es auch die »Dult«, die bekannteste in München ist die Auer Dult, aber die Zahl der Dulten in ganz Bayern ist unüberschaubar. Neben Bierzelten bringen die »Fieranten«, die Händler, ihre Viktualien lautstark an den Mann.

Die tief verwurzelte Gemütsruhe des Bajuwaren ist wohl eine natürliche Begabung und so nehmen sie sich die Freiheit heraus, nicht nervös zu werden. Reicht ja schon der Föhn und den sitzen sie aus, beim Bier unter Kastanien.

Seite 16/17:
Blick auf die
Altmühl

Oberbayern

ALLGEMEIN

**Landkreis Eichstätt/
Informationszentrum
Naturpark Altmühltal**
Notre Dame 1
85072 Eichstätt
Tel. 08421/98 76–0
Fax 08421/98 76–54
www.btl.de/naturpark-
altmuehltal

**Tourismusverband
München-Oberbayern e.V.**
Radolfzellerstr. 15
81243 München
Tel. 089/82 92 18-0
Fax 089/82 92 18-28
touristinfo@oberbayern.de
www.oberbayern.de

**Tourismusverband
Ostbayern e.V.**
Luitpoldstr. 20
93047 Regensburg
Tel. 0941/5 85 39 0
Fax 0941/5 85 39 39
info@ostbayern-tourismus.de
www.ostbayern.de

REISEZEIT

Von Mai bis in den Oktober
kann Ober- und Niederbayern
bereist werden. Im Frühling
begeistern die erblühenden
Landschaften vor grandioser
Bergkulisse, im Herbst die
Farbpalette der Laubwälder. Im
Spätsommer und Herbst sollte
man jedoch für höhere Lagen,
also Alpenvorland, bestens
ausgestattet sein, denn hier
kommt es immer wieder zu
markanten Temperaturstürzen
und extremen -schwankungen.
Im Sommer, vor allem in der
Ferienzeit und an Wochen-
enden, ist mit einem großen
Ansturm auf alle touristischen
Highlights zu rechnen.

Alpenwetterbericht
des Wetteramtes München:
089/1 15 09
des Deutschen Alpenvereins:
089/29 50 70
www.alpenverein.de
www.meteoalpin.com

ANREISE

Alle Gebiete sind über ein gut
ausgebautes Verkehrsnetz zu
erreichen. Auch von München
aus führen in alle Richtungen
Autobahnen und Bundes-
straßen, die in die jeweiligen
Regionen vordringen. Am
Wochenende sind vor allem die
Autobahnen voll, freitags gen
Süden und sonntags vice versa.

**Der Autoreisezug –
Anreisen ohne Stress
Von Berlin nach München/Ost**
kostet in der Nebensaison die
Hinfahrt im Ruhesesselwagen
ca. 105 €; Kajütliegewagen,
2er Belegung ca. 116 €;
Schlafwagen mit Dusche und
WC, 1 Abteil ca. 216 €

Idealer Ruheplatz

Von Hildesheim nach Lörrach
kostet die Hinfahrt im
Einzelplatz im Liegewagen,
5er Belegung ca. 116,50 €
Liegewagen, Abteilbuchung
(mit bis zu 5 Pers.) ca.
256,50 €; Schlafwagen mit Dusche und WC, 1 Abteil ca. 325 €

Eine Auswahl an
Startbahnhöfen
in Deutschland:
Hamburg
Berlin
Düsseldorf
München/Ost
Hildesheim
Lörrach
Neu/Isenburg

UNTERKUNFT

Campingplätze
Campingplätze, die am
Streckenverlauf der Routen
liegen, sind dort aufgeführt.
Wer das Zelten nicht dem Zufall
überlassen will, findet im ADAC
Campingführer eine gute Aus-
wahl an Campingplätzen.

NOTRUF

Italien
Festnetz: 0039/210 41
Handy: 0039/039 210 41

Österreich
Festnetz: 01 251 20 60
Handy: 0043/1 251 20 60

Wenn Sie die zuständige
ADAC/Notrufstation telefonisch nicht erreichen können,
erhalten Sie Hilfe durch den
ADAC/München,
24/Std/Service,
0049/89 22 22 22

KRANKHEIT

Jede Stadt verfügt über einen
ärztlichen oder zahnärztlichen
Notdienst. Im Notfall sind die
Notdienste der Krankenhäuser
ein Anlaufpunkt.
ADAC-Ambulanzdienst Mün-
chen: 089/767676
ADAC Notrufzentrale München:
089/222222

Pause am Schliersee

ADAC AmbulanceService
Der ADAC/AmbulanceService
steht ADAC/Mitgliedern,
ADAC/Versicherten sowie allen
Hilfesuchenden zur Verfügung.
Für Notfallmeldungen
und/oder Transportanfragen
wählen Sie bitte die für Sie
zutreffende Telefonnummer:

ADAC/Mitglieder und
ADAC/Versicherte wählen
bitte: 0049/89 76 76 76

Kein ADAC/Mitglied oder
ADAC/Versicherter, wählen Sie
bitte: 0049/89 76 76 36 00

TELEFONIEREN

Fast alle Telefonzellen funktio-
nieren nur noch mit Telefon-
karten, die es bei Postämtern
und Tankstellen gibt.

Klöster, Berge und Romantik

 2 Stunden   103 Kilometer

Die Strecke ist herrlich kurvenreich und schwungvoll. Es geht ausgedehnte Kurvenstrecken entlang, vorbei am See und ursprünglichen Ortschaften, deren Charme einzigartig ist.

Startpunkt ist die Wintersportmetropole Garmisch-Partenkirchen, die im verschwenderischen Tal zwischen Wettersteingebirge im Süden und Kramer und Wank im Norden liegt und das Zentrum des Werdenfelser Landes ist, ehedem »Goldenes Landl« genannt. Das hat damit zu tun, dass es zwischen Isar und Loisach nicht nur viel Vieh gab, sondern das Gebiet auch das Holz für die Mittenwalder Geigen bescherte und damit der Region Reichtum schenkte. In unserer Zeit kommen andere Goldfrachten per Bahn, Auto, Motorrad oder per pedes – denn hier ist alles geboten, vom Biken und Baden bis zum Klettern und Wandern, Barock und Lüftlmalerei, Passionsspiel und Venusgrotte. Zahlreiche Besucher erliegen dem Fegefeuer der Eitelkeiten, denn in Garmisch-Parten-

Wo die Natur noch in Ordnung ist: zwischen Ettal und Linderhof.

kirchen flaniert man in Armani-Klamotten und soupiert abends im seidenen Gewand.

Die Marktgemeinde Garmisch-Partenkirchen existiert erst seit 1935, ein Jahr bevor die Winterolympiade stattfand. Die schindelbedeckten Gebirgshäuser in Garmisch strotzen vor Stolz und Partenkirchen steht dem nicht nach. Auch wenn es durch Brände ziemlich gebeutelt worden ist, versprüht der alte Kern eine echte Dorfidylle, die zudem einen schönen Blick auf die Zugspitze bietet. Alljährlich feiert man einen der berühmtesten Garmischer, Richard Strauß. Kulturinteressierte besichtigen die Villa des Komponisten Strauß, Sportfans interessieren sich dagegen eher für die Sprungschanzen und das Eisstadion, Spielernaturen finden im betriebsamen Kasino ihren Kick.

Zugspitze – das himmlische Zentrum

Die Zugspitze, der höchste Gipfel Deutschlands, ist das himmlische Zentrum der Region. Über 800000 Besucher erstürmen den Gipfel in nicht mehr als 80 Minuten – kein Vergleich zum Leutnant Naus, der 1820 in mehr als 12 Stunden den Berg bestieg, »unter einiger Lebensgefahr und außerordentlichen Mühen«. Wer sich alpin betätigen möchte, erreicht mit entsprechender Ausstattung und Können den Gipfel in ca. acht Stunden. Ist man oben, kann man sonntags die Messe besuchen und sich zur Entspannung einen Drink in der Bar oder auf einer der Sonnenterrassen genehmigen. Zudem bieten drei Bahnen eine Runde über Zugspitzplatt, Gipfel und Eibsee an – mit fantastischem Ausblick.

> **Tipp**
> Die Zugspitzbahn fährt stündlich vom Bahnhof Garmisch-Partenkirchen über Grainau, Eibsee zum Gletscherbahnhof Zugspitzplatt. Stündlich zwischen 8.39 und 16.00 Uhr.
> Informationen: Tel. 0 88 21/79 70.

Seite 23: Mächtige Bergwelt nahe dem Plansee

Tour 1

Geruhsamer geht es im Kloster Ettal zu. Den Platz für das Kloster hatte Kaiser Ludwig der Bayer bestimmt, als er aus einer politisch verzwickten Lage heraus schwor, ein Kloster zu stiften, wenn er glücklich in die Heimat zurückkehren würde. Und so liegt Ettal jetzt im Hochgebirgstal der Ammer und besticht durch seine außergewöhnliche Bauform. Neben Gymnasium und Internat sind noch andere Wirtschaftsbetriebe beherbergt. Hotel, Bierbrauerei und

Metzgerei wie auch die Likörbrennerei sind einen Besuch wert, denn der Ettaler Klosterlikör, dem man heilende Wirkung nachsagt, wird hier produziert.

Die Straße führt weiter harmonisch durch den **Pfaffen-winkel**, ein Gebiet, das seinen Namen zu Recht trägt, denn alle naselang drängt sich eine schmucke Kirche mit Zwie-belturm ins Blickfeld, umgeben von sanften Hügelwellen und den schneebedeckten Kuppen der Alpen.

Ruhiges Ufersträßchen am Plansee

Und noch einmal der Plansee

Prunk und Frömmigkeit im Pfaffenwinkel

Die Frömmigkeit gilt hier noch etwas und deshalb ist es kein Wunder, dass im Bilderbuchdorf Oberammergau einer anderen Passion nachgegangen wird: Zum Dank für die Errettung aus der Pestnot um 1643 wird die Leidensgeschichte Christi alle zehn Jahre aufgeführt. Das Passionsspiel hat

Oberammergau Ruhm und Reichtum beschert. So schieben sich Tausende von Touristen durch die Straßen, vorbei am Pilatus-Haus mit seinen Lüftlmalereien und der Rokoko-Pfarrkirche, und lassen die Herrgottsschnitzer sauber verdienen.

Vorbei am Ammersattel geht es nach Linderhof, das einzig in Oberbayern gelegene und einzig fertig gestellte Schloss, in dem der »Märchenkönig« längere Zeit wohnte. Inspiriert von einem Besuch Versailles, ließ es Ludwig II. nach den französischen Rokokovorbildern erbauen. Sicherlich ist dieser Prachtbau mit seinen Parkanlagen und der 32 Meter hohen Fontäne, deren Tropfen in der Sonne golden glitzern, der Venusgrotte und der Hundinghütte eine Besichtigung wert. Der »Kini« suchte sich immer die stillsten Herrgottswinkel für seine Prachtbauten, in denen er sich verschanzen konnte, denn – gemocht hat er die Leute nicht, weil »wo die Leut' sind, findet alle Märchenhaftigkeit ein End'.« Da würde es ihm heute schaudern ob der Besuchermassen, die bereits vormittags »ante portas« sind. Da wäre die Fahrt über den Ammersattel zum Plansee schon eher was für ihn.

An diesem herrlichen See findet man immer noch ein Plätzchen, an dem man seine Seele baumeln lassen kann. Einzig am Wochenende ist der fjordartige See Anziehungspunkt für Wanderer und Biker, die dann auch in Reutte einfallen. Wesentlich angenehmer lässt es sich dann wieder über Ehrwald nach Garmisch-Partenkirchen fahren. Denn viele Wochenendausflügler, die über den Fernpass herüberkommen, fahren über Reutte. So kommt es, dass man auf kurvenreicher Straße einsam durch die wunderbare Landschaft des Zugspitzer Landes fährt. Eine willkommene Erfrischung bietet zudem der romantische Eibsee, ein Kleinod zwischen dunkelgrünen Tannen und steilen Bergen.

INFORMATION

**Tourismusverband
Ferienregion Reutte**
Untermarkt 34
A-6600 Reutte/ Tirol
Tel. +43 (5672) 623 36
Fax +43 (5672) 623 36-40
info@reutte.com
www.ferienregion-reutte.at

**Tourist Information
Garmisch-Partenkirchen**
Richard-Strauss-Platz 2
82467 Garmisch-Partenkirchen
Öffnungszeit:
Mo – Sa 08 – 18 Uhr
Sonn- und Feiertag 10 – 12 Uhr
Telefonisch erreichbar
(08821- 18 07 00):
Mo – Sa 08 – 19.00 Uhr
Sonn- und Feiertage
10 – 12.00 Uhr
Fax 08821-18 07 55
tourist-info@gapa.de
www.garmisch-patenkirchen.de

**Tourist Information
Rottach-Egern**
Nördliche Hauptstraße 9
83700 Rottach-Egern
Tel. 08022/67 13 41
Fax 08022/67 13 47
info @ rottach-egern.de
www.rottach-egern.de

UNTERKUNFT

Ettal
Gasthaus »Zum Fischerwirt«
Linderhoferstr. 15
82488 Ettal-Graswang
Tel. 08822-63 52
Fax: 08822-35 68
info@zum.fischerwirt.de
www.zum-fischerwirt.de
€

Hotel »Ludwig der Bayer«
Kaiser-Ludwig-Platz 10 – 12
82488 Ettal
Tel. 08822-91 50
Fax 08822-91 54 20
hotel@kloster-ettal.de
www.ludwig-der-bayer.de
Garage ab 6 €
€€

Garmisch-Partenkirchen
Berggasthof Panorama
St. Anton 3
82467 Garmisch-Partenkirchen
Tel. 08821- 96 69 070
Fax: 08821- 96 69 07 50
info@berggasthof-
panorama.de
www.berggasthof-
panorama.de
€€

Berggasthof Pfeiffer-Alm
Schlattan 8
82467 Garmisch-Partenkirchen
Tel. 08821-27 20
Fax 08821-94 85 71
info@pfeiffer-alm.de
www.pfeiffer-alm.de
€

Immenstadt
Hotel zur Tanne
87509 Immenstadt/Thanners
Tel. 08379/72 88 90
Fax: 08379/72 88 972
info@hotelzurtanne.de
www.hotelzurtanne.de
Wirt ist selbst Motorradfahrer
und gibt gerne weitere Tourentipps
€

Wellvital Hotel Rübenzahl
Am Ehberg 31
87645 Schwangau
Tel. 08362/88 88
Fax 08362/81 701

info@hotelruebenzahl.de
www.hotelruebenzahl.de
Für Motorradfahrer
Unterstellplatz, Trockenraum,
Reinigungsmöglichkeiten für
das Motorrad, Wellnesshotel
€€

Schwangau
Schlosshotel Lisl
Jägerhaus
Neuschwansteinstraße 1 – 3
87643 Hohenschwangau
Tel. 08362/88 70
Fax 08362/81 107
info@lisl.de
www.lisl.de
Besonderheit: Busservice zum
Schloss Neuschwanstein
€€

CAMPINGPLÄTZE

Garmisch-Partenkirchen und Umgebung
Griesener Straße 4
82467 Garmisch-Grainau
Tel. 08821-31 80
Fax: 08821-94 75 94
info@zugspitzcamping.de
www.zugspitzcamping.de

Reutte in Tirol
Camping Reutte
Ehrenbergstr. 53
6600 Reutte/Tirol
Tel. +43 5672/62 80 9
Fax +43 5672/62 80 94
camping-reutte@aon.at
www.camping-reutte.com

SEHENSWERT

Zugspitze
Mit der Zahnradbahn über die
Station Eibsee zum Gletscher-
bahnhof Zugspitzplatt auf

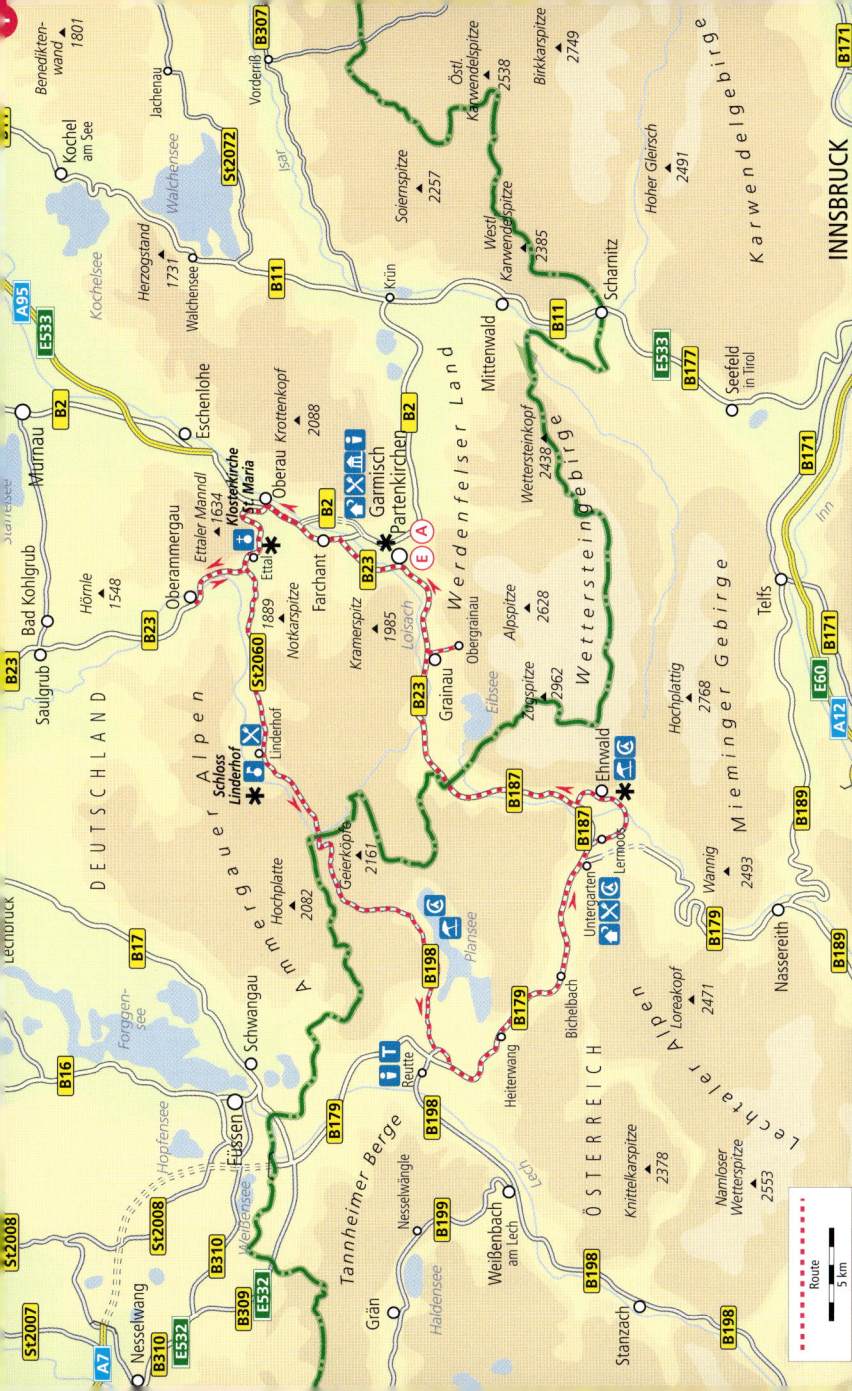

Roadbook 1 Werdenfelser Land

Nr.	km	Position	Richtung	Information		Straße
9	102,5	Ehrwald	↰	links halten, weiterhin auf der 187, ab Grenze B 23 zurück nach Garmisch-Partenkirchen	♿ P 🅿️ ✳	187/B 23 — 21
8	81,5	Untergarten	↰	links auf die 187 auffahren Ri. Ehrwald/Zugspitze	♿ 🏨 ✕	187 — 18,5
7	73	Reutte	↰	links halten Ri. Ehrwald	🚻 ℹ️	179 — 16
6	57	Plansee	←	Ri. Reutte	♿ ♿ P	198 — 12
5	45	vor Ettal	↱	rechts Ri. Linderhof/Österreich	♿ ✳ ✕	St 2060 — 23
4	22	Oberammergau		retour Ri. Ettal		B 23 — 3
3	19	Ettal	←	geradeaus Ri. Oberammergau	🛏 ✳	B 23 — 4

2	1
B 23 5,0	**B 23** 10
	✉ ✱
	🅿 ℹ
	✖
links abbiegen Ri. Oberammergau/Ettal	rechts abbiegen Ri. Oberau
⬏	⬅
Oberau	**Garmisch-Partenkirchen**
15	10

2600 m; Fahrzeit ab Garmisch 75 Minuten, ab Grainau 60 Minuten und ab Eibsee 35 Minuten.

Bergfahrt
Ab Garmisch stündlich
7.39 – 14.39 Uhr,
ab Grainau stündlich
8 – 15 Uhr,
ab Eibsee stündlich
8.15 – 15.15 Uhr.
(1. Juli–31 August verkehrt
der 1. Zug 7.39 Uhr.

Talfahrt
Ab Bhf. Zugspitzplatt stündlich
10 – 16 Uhr,
ab Eibsee stündlich
10.45 – 16.45 Uhr.
Mit der Eibsee-Seilbahn vom
Eibsee (1000 m) in nur
10 Minuten zum Zugspitzgipfel
auf 2964 m. Alle 30 Minuten
von 8–16.15 Uhr (17.15 Uhr
1. Juli–31. August);
Fahrpreis für Erwachsene einfach ca. 25 €, Berg- und Talfahrt ca. 40 €. Informationen:
www.zugspitze.de

Rotlech
Der Stausee wurde von
1975 – 1977 errichtet. Er ist
von Rieden aus in ca. 3 Std.
und von Berwang-Rinnen in ca.
1/2 Std. erreichbar. Öffnungszeiten: rund um die Uhr.
Information: Rinnen,
Tel. +43/5672/6070

Oasen bayerischen Glücks

TOUREN-CHECK

🕐 4 Stunden   🏍 173 Kilometer

 Das 5-Seen-Land bietet ein mediterranes Ambiente. Die Straßen haben nicht immer den besten Belag und sind in manchen Kurven auch unübersichtlich. Die Straßenführung gleicht dieses Manko wieder aus.

Charakteristisch fürs Fünf-Seen-Land ist das Miteinander von Adel und Bauernstand. Schon die Herrscher vergangener Zeiten wussten die Schönheiten dieser Region zu schätzen. Hier wuchs Kaiserin Sissi auf, hier weilte der Märchenkönig Ludwig II., außerdem Künstler wie Brahms und Wagner und der Schriftsteller Oskar Maria Graf. Am fürstlichen Starnberger See tauchte der Adel ausgiebig seine Zehen ins Wasser und die wohlhabenden Bürger erbauten Villen mit Bootshäuschen. In diesen wohnen heute die Prominenz und Münchner Schickeria. Entsprechend ausgestattet ist auch die Gemeinde Starnberg. Edelboutiquen, Wassersportclubs und Promenaden bestimmen das Stadtbild. Seit kurzem gibt es sogar einen neuen Bahn-

Kloster Andechs – berühmt für seinen Gerstensaft

33

hof, »Starnberg Nord«, aber am schönsten ist die Ankunft am alten Starnberger Bahnhof, denn dieser liegt, mit Blick auf den Dampfersteg, direkt am See.

Sissi und der Märchenkönig

Blick auf den Starnberger See

Im nahen Possenhofen, das u.a. einen schönen Badeplatz im alten Parkgelände des Schlosses (Schlossgelände

selbst: Betreten verboten) auf-
bietet, trafen sich Sissi und
Ludwig II. Sisi, also Elisabeth,
Kaiserin von Österreich, wuchs als
Tochter des Herzogs Max von
Bayern auf und verbrachte ihre
Kindheit auf Schloss Possenhofen.

Tipp

Museum der Fantasie in Bernried: Skurrile
und klassische Moderne aus der Sammlung
des Autors Lothar Günther Buchheim wird
dem Besucher geboten. Geöffnet 10–18 Uhr,
Eintritt ca. 8 €, Tel. 08158/99 70 60 oder
www.buchheimmuseum.de.

Im Fünf-
Seen-Land ...

Ludwig II., ihr unglücklicher Vetter, liebte die schönen
Künste und hinterließ die berühmten Königsschlösser.
Das brachte ihm zwar den Beinamen »Märchenkönig« ein,
zwang ihn aber auch zur Abdankung. Am 13. Juni 1886
starb er unter ungeklärten Umständen mit seinem Leibarzt
im Starnberger See.

Heute erinnern die Votivkapelle und das Gedenkkreuz an
diese Tragödie und es gibt immer noch Königstreue, die sich
dort alljährlich treffen, um an seinem Todestag seiner zu
gedenken. Weniger mondän, sondern eher behäbig geht es
dagegen in Tutzing zu. Es bietet idyllische Badeplätze und
von der Ilkahöhe (728 m) einen traumhaften Blick über
den See bis zu den Salzburger Alpen. Doch nicht hier hat
die Muse eine Heimat gefunden, sondern in Bernried, denn
dort hat 2001, nach langer Odyssee, die Buchheimsche
Sammlung ihren Platz im Museum der Fantasie gefunden.

Alte Holzbauernhäuser, Alleen und Obstgärten machen
Bernried zu einem der bezauberndsten Orte am Starnberger See. Im südlichen Seeshaupt muss eine Entscheidung

fallen, denn es locken der Starnberger See und die verträumten Ostersee, die ein Refugium für Freunde der Stille sind. Wie Solitäre glitzern die kleinen Seen und Weiher inmitten von Mulden, Buckeln und Waldkuppen. Aber es zieht uns zum ländlichen Ammersee, der statt Villenzäunen kilometerlange Promenaden und seichte Badestellen bietet. Früher wurde er despektierlich Bauernsee genannt, wohl weil hier das gemeine Volk lebte, also Bauern, Fischer und sonstige einfache Leute.

Der heilige Berg

Bereits seit Jahrhunderten erhebt sich stolz und mächtig Bayerns Heiliger Berg mit dem Kloster Andechs über den Ammersee. Die Geschichte der Burg- und Klosteranlage reicht bis ins 10. Jh. zurück. Sie beherbergte die Grafen von Andechs und Dießen, später die Herzöge von Meranien. Seit 1455 gibt es ein Benediktiner-Kloster, ebenso lang existiert bereits die Klosterbrauerei. Auch wenn der Anschein manchmal trügt – es gibt nämlich immer wieder Überlegungen, ob der Berg mehr Beter oder mehr Zecher ruft – Kloster Andechs ist bis dato eine der bedeutendsten Wallfahrtskirchen Deutschlands und wird jährlich von

... blüht die Natur.

Starnberger See mit Alpenpanorama

Tausenden von Pilgern besucht, die inmitten barocker Kirchenarchitektur schwelgen und die einmaligen Votivkerzen im Wachsgewölbe bestaunen. Die Herrlichkeit auf Erden spürt man danach, wenn man im Biergarten des Klosters Platz genommen hat, ein frisches Maß Andechser genießt und sich von der Klosterküche verwöhnen lässt. Radi und Eadebbfisolod (Kartoffelsalat) sind typische Gerichte. Selbstverständlich kann man nach alter Tradition seine Brotzeit auch selbst mitbringen.

Auf einer reizvollen Straße geht es weiter nach Dießen, dort haben die Gebrüder Feichtmayr und Johann Georg Bergmüller einen »neuen Himmel« für Dießen kreiert, denn die prächtigen Deckenmalereien und Stuckaturen im Marienmünster verdienen solches Lob. Noch heute leben hier viele Künstler und Kunsthandwerker, die auch Kurse und Atelierbesichtigungen anbieten. Eine ständige Ausstellung Dießener Kunst ist im Pavillon am See von April bis Oktober zu besichtigen. In ländlicher Umgebung, dort wo der See an Weiden angrenzt und alte Eichen das Ufer säumen, liegt Utting, ein Ort mit knapp 3500 Seelen, dessen Uferpromenade eine geruhsame Pause verspricht, bevor es über Inning und Seefeld nach Gauting zurückgeht.

Tipp

Südlich vom Ammersee befindet sich die Erdfunkstelle Raisting, dessen gigantische weiße Antennenschüsseln sich wie Pilze aus dem Boden erheben. Ein Besucherzentrum informiert über Aufgabe und technische Zusammenhänge. Mo – Fr 9 – 17 Uhr.

INFORMATION

Fremdenverkehrsamt München
Sendlinger Str. 1
80331 München
Tel. 089-233 96 500
Fax 089-233 30 233
tourismus@muenchen.de
www.muenchen-tourist.de

Tourismusverband Starnberger Fünf-Seen-Land
Postfach 1607
82319 Starnberg
Tel. 08151/90 60 0
Fax 08151/90 60 90
info@starnberger-fuenf-seen-land.de
www.starnberger-fuenf-seen-land.de oder
www.starnberg.de

UNTERKUNFT

Gräfelfing-München
Hotel Würmtaler Gästehaus
Rottenbucher Strasse 53 – 55
82166 Gräfelfing-München
Tel. 089 854 50 56
Fax: 089 85 38 97
info@hotel-wuermtaler.de
www.hotel-wuermtaler.de
Genügend Parkplätze
kostenfrei direkt am
Hotel,Garage gegen
Bezahlung
€€

Dießen
Gasthof Unterbräu
Mühlstrasse 36
86911 Diessen am Ammersee
Tel. 08807-84 37
Fax 08807-71 74
info@unterbraeu-diessen.de
www.unterbraeu-diessen.de
€€

Inning
Gasthof Zur Post
Münchner Str. 2
82266 Inning
Tel. 08143-99 19 84
Fax 08143-99 19 85
info@gasthofzurpost-inning.de
www.gasthofzurpost-inning.de
€€

Klais bei Krün
Gasthof Post Klais
Bahnhofstr. 7
82493 Klais bei
Krün/Oberbayern
Tel. 08823 22 19
Fax 08823 9 40 55
lerchmichael@t-online.de
www.gasthof-post-klais.de
Von hier starten und kurven-
reiche Tagestouren zum
Timmelsjoch, Hahntennjoch,
Jaufepass, Zillertaler Höhen-
strasse, Arlberg u.v.m.
Sicheres Abstellen der Bikes im
Innenhof, Trockenraum
Motorrad-Pauschalangebote
Tourenvorschläge und geführte
Touren, Biker-Stammtisch,
Rabatte für Motorradfahrer
€€

München
Hotel Senator
Martin-Greif-Str. 11
80336 München
Tel. 089-590 436-0
Fax 089-5 38 04 44
www.europe-hotel-senator.de
DZ ab 75 €
In der Nähe des Hauptbahn-
hofes; mit Sauna, Solarium
und Bar. Und für Motorrad-
fahrer: Tiefgarage, Parkplatz,
Trockenraum.
€

Münsing
Schlossgut Oberambach
Oberambach 1
82514 Münsing
Tel. 08177/93 23
Fax 08177/93 24 00
www.schlossgut-oberambach.de
DZ ab ca. 80 E
Schmuckes Landhotel hoch
über dem Ostufer des Starn-
berger Sees. Ökologische
Grundsätze und die Feng-
Shui-Lehre standen bei der
Renovierung Pate. Das Essen
wird mit Produkten aus kon-
trolliert-biologischem Anbau
liebevoll zubereitet. Ein wun-
derbarer Ort zum Übernachten.

Seershaupt
Hotel Sterff
Penzbergerstr. 6
82402 Seeshaupt
Tel. 08801-90 63-0
Fax 08801-90 63-40
info@hotel-sterff.de
www.hotel-sterff.de
€€

ESSEN & TRINKEN

Feldafing
Gasthof Zur Linde
Wieling 5
82340 Feldafing
Tel. 08157-93 31 80
Fax 08157-93 31 89
hotel@linde-wieling.de
www.linde-wieling.de
Wildgerichte und Edelbrände
sind besonders zu empfehlen.
Biergarten und Gästezimmer.

Roadbook 2 Fünf-Seen-Land

Nr.	km	Position	Richtung	Information	
17	172,5	Starnberg		zurück nach München – links abbiegen	**B 2** / 21
16	151,5	Drößling		über Perchting in Richtung Starnberg rechts halten	**St 2070** / 11,5
15	140	Herrsching		Ri. Drößling – scharf links	/ 6
14	134	Seefeld		Ri. Herrsching – rechts abbiegen	**St 2068** / 5,5
13	128,5	Wörthsee		Ri. Seefeld – rechts abbiegen	**St 2348** / 2,5
12	126	hinter Schlaghofen		Ri. Wörthsee – links abbiegen	/ 3,5
11	122,5	Inning		bis hinter Schlagenhofen – hinter Inning links abbiegen	**St 2070** / 5

Oasen bayerischen Glücks

Tour 2

Nr.	km	Position	Richtung	Information	Route
10	117,5	**Auffahrt A 96**		Ri. München eine Abfahrt bis Inning – rechts halten	A 96 / 5
9	112,5	**Dießen**		Ri. Riederau/Utting über Schondorf bis zur A 96 geradeaus	St 2055 / 15,5
8	97	**Andechs**		Ri. Dießen – links abbiegen	St 2067 / 12
7	85	**Traubing**		Ri. Andechs – links abbiegen	St 2067 / 7
6	78	**Weilheim**		Ri. Traubing – rechts abbiegen	B 2 / 16
5	62	**Seeshaupt**		Ri. Weilheim – rechts abbiegen	St 2064 / 13
4	49	**Feldafing**		Ri. Tutzing nach Seeshaupt – rechts abbiegen	St 2063 / 17
3	32	**Wieling**		Ri. Feldafing – links abbiegen	— / 3

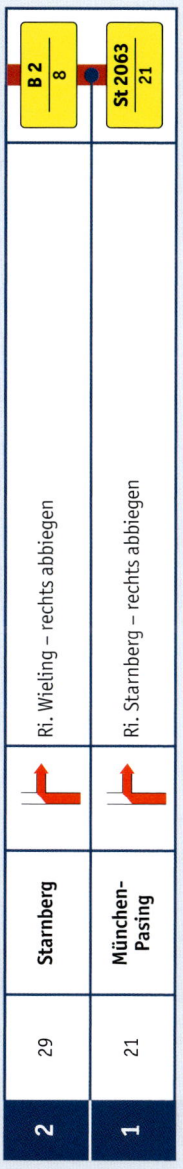

B 2 / 8	St 2063 / 21
Ri. Wieling – rechts abbiegen	Ri. Starnberg – rechts abbiegen
Starnberg	München-Pasing
29	21
2	1

Tutzing
Forsthaus Ilkahöhe
82327 Tutzing
Tel. 08158-82 42
Fax 08158-28 66
info@ilkahoehe.de
www.ilkahoehe.de
Der ehemalige Gutshof bietet
einen wunderbaren Blick und
kulinarische Erlebnisse. Biergarten und Sonnenterrasse,
ausgesuchte Weinkarte.

SEHENSWERT

Museum der Fantasie
Am Hirschgarten 1
82347 Bernried
Info-Tel. 08158/99 70 60
Fax 08158/99 70 61
www.buchheimmuseum.de.
Geöffnet 10 – 18 Uhr (Nov.–
März bis 17 Uhr), an Wochen-
enden bis 20 (bzw. 18) Uhr;
Eintritt ca. 8 €.

Weilheim
Erdfunkstelle Raisting
Tel. 0881-26 91
www.raisting.de/erdfunkstelle

VERANSTALTUNGEN

Herrsching am Ammersee
Jeden Dienstag finden im
Landgasthof Mühlfeld-Bräu
Brauereiführungen mit
anschließendem **Schlacht-
schüsselessen** statt.
Außerdem gibt es das Bier in
dekorativen Ein- oder Zwei-
literflaschen zum Mitnehmen.
Information:
Landgasthof Mühlfeld-Bräu
Mühlfeld 13
82211 Herrsching
am Ammersee
Tel. 08152/55 78
Fax 08152/80 18

**Starnberger See
und Ammersee**
Vergnügungsdampfer auf dem
Starnberger See und Ammersee. Touren mit umfangrei-
chem Angebot, vom Jazz-
Frühschoppen bis zu Special-
Nights mit spanischem oder
karibischem Flair.

Allgemeine Informationen
08652/9636-18
Information für den
Starnberger See:
08151/1 20 23 oder 80 61
Information für den
Ammersee: 08143/9 40 21
www.seenschifffahrt.de

Prickelnde Erlebnisse

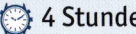 4 Stunden  167 Kilometer

Walchensee und Kesselberg – das sind Namen die Kurvenspaß pur versprechen. Diese Route vereint klassische Rennstrecken mit grandioser Landschaft.

Wenn man München gen Süden verlässt, offenbart sich der Isarwinkel mit naturbelassenen Tälern des Karwendelgebirges und romantischen Flusslandschaften. Pullach mit dem dort ansässigen Bundesnachrichten-dienst streifen wir nur geschwind. Wenn sich die Straße zum Isarbett hinunter schlängelt, sieht man das Kloster Schäftlarn am gegenüberliegenden Steilufer liegen. Die herrschaftliche Freitreppe und die elegante Fassade des Klosters strahlen vornehme Zurückhaltung aus. Das urbayerische Lebensgefühl tritt dagegen im dazugehörigen Biergarten auf, in dem die Klosterbrauerei fürs leibliche Wohl sorgt. Bei der ehemaligen Kreisstadt Wolfrats-hausen, die am Zusammen-fluss von Loisach und Isar liegt, begleiten wir die Loisach über Geretsried nach Bad Tölz.

Kesselberg-parkplatz überm Kochelsee

*Kurvenspaß
am Walchensee*

Riesengaudi und kulturelle Keimzellen

Von Wolfratshausen aus starten die Isar-Floßfahrten. Dabei geht es feucht-fröhlich den Fluss hinunter. Diese Fahrten haben eine lange Tradition: Im 19. Jh. passierten mehr als 10000 Holzflöße die Isar, als Wolfratshausen, Bad Tölz und Lenggries noch Flößerorte waren. Heute wird diese Gauditour nur noch von drei Familien angeboten.

Der Blick richtet sich auf die Berge im Süden, deren respektable Erhebungen sich hinter dem eher flachen Land bei Wolfratshausen auftun. Schon beim Kloster Benediktbeuern kontrastieren gerade im Frühling die schneebedeckten Gipfel das satte Grün der Wiesen. Das Kloster liegt am Fuße der Benediktenwand und gilt als die Keimzelle der klösterlichen Kultur – schließlich ist es das älteste Urkloster, das 739 vom Geschlecht der Huosi gestiftet wurde. Die eindrucksvolle Klosteranlage wurde durch

Tipp

Isar-Floßfahrt: Die 28 Kilometer lange Strecke von Wolfratshausen nach München-Thalkirchen ist eine feucht-fröhliche Riesengaudi. Die Saison dauert vom 1. Mai bis zum zweiten Septemberwochenende. Preis pro Person: ca. 80 €.
Information: www.flossfahrt.de

eine Reliquie, die Karl der Große den Benediktinern schenkte, zum Kultort. Nicht weit entfernt liegt Kochel am See, ein scharfer Knick der Hauptstraße erzwingt bei der Einfahrt in den Ort den Blick auf das Denkmal des Schmieds von Kochel.

»Blauer Reiter« und dramatische Spitzkehren

Das Denkmal ist dem Schmiedegesellen Balthasar Mayr gewidmet, der eine Bauernschar angeführt haben soll, die gegen die österreichischen Besatzungstruppen kämpfte. Friedlicher geht es dagegen im Franz-Marc-Museum zu, das die Werke des gleichnamigen Expressionisten und Mitbegründers des »Blauen Reiter« ausstellt. Hier am Kochelsee hat Franc Marc gelebt und gemalt – ein wahrhaft idyllischer Platz. Der See liegt wie ein blitzend blaues Auge zwischen Wiesen und Dörfern; sein

München – »Weltstadt mit Herz«

München ist zu jeder Jahreszeit eine Schau: Im Winter kann man den Mannsbildern beim Eisstockschießen auf dem zugefrorenen Eiskanal vor Schloss Nymphenburg zusehen oder im Müllerschen Volksbad entspannen. Wenn es im Frühling »bacherlwarm« wird, erwacht die Stadt zum Leben: Tische und Stühle kommen nach draußen und im Nu sind alle Plätze belegt. Südliches Flair breitet sich in der Stadt aus, die Brunnen am Stachus plätschern und die Münchner flanieren auf der Leopoldstraße hin und her. »Sehen und gesehen werden« ist das Motto. Im Sommer lockt Schwabing, das ehemalige Künstlerviertel. Im Englischen Garten kann man sich in den Eisbach werfen oder im Biergarten am Chinesischen Turm schon mal für den Ernstfall trainieren. Denn lange dauerts nicht mehr bis das Oktober-fest losgeht. Bleibt noch der Viktualienmarkt, der ganzjährig sämtliche »Schmankerln« anbietet.

Wasser ist allerdings auch im Sommer ziemlich kalt. Heißer geht es dagegen auf der »Kesselbergstrecke« (am Wochenende für Motorradfahrer gesperrt!) zu, die von Kochel aus ca. 23 Kilometer misst und einen Höhenunterschied von 253 Metern überwindet.

Die moorigen Niederungen des Kochelsees lassen sich auf der Aussichtskehre, die auf halbem Weg liegt, erblicken; die nähere Umgebung jedoch wird von Gleichgesinnten bestimmt, die diese Strecke entlangstürmen. Nach

Berge und Milchvieh gehören in Bayern zusammen.

der Passhöhe schlängelt sich die Straße am grün glitzernden Walchensee entlang. Es gibt zahlreiche schaurige Legenden über den geheimnisumwitterten Walchensee, die aber keinen der Segler und Surfer abschrecken, hier jauchzend über das 200 Meter tiefe Wasser zu jagen. Abseits des Sees fahren wir auf der mautpflichtigen Straße durch die Jachenau, ein idyllisches Gebirgstal, bis nach Lenggries und weiter nach Bad Tölz.

»Der Bulle von Tölz«

Die Entdeckung des gesundheitsfördernden Quellwassers und der Jodquelle im 19. Jh. hat Bad Tölz einen wirtschaftlichen Aufschwung beschert. Aber auch ohne Bad ging es dem Ort schon immer recht gut, denn er profitierte von seiner günstigen Lage an der Salzstraße und der Isar mit ihrer Flößerei. Schmucke Bürgerhäuser mit ihren bemalten Fassaden verzieren die Altstadt und säumen die hübsche Marktstraße, die bekannt geworden ist durch die Fernsehserie »Der Bulle von Tölz« mit dem bayerischen Urgestein Ottfried Fischer in der Hauptrolle.

Tipp

Der Kalvarienberg bei Bad Tölz ist ein herrlicher Aussichtspunkt mit Blick auf das Karwendelgebirge. Am 6. November, dem Leonharditag, ist er alljährliches Ziel der Leonhardireiter.

**Tourismusverband
München-Oberbayern e.V.**
Radolfzellerstr. 15
81243 München
Tel. 089/82 92 18-0
Fax 089/82 92 18-28
touristinfo@oberbayern.de
www.oberbayern.de

**Tourist Information
Bad Tölz**
Max-Höfler-Platz 1
83646 Bad Tölz
Tel. 08041-78 67 0
Fax 08041-78 67 56
info@bad-toelz.de
www.bad-toelz.de

UNTERKUNFT

Bad Tölz
Alpenhof
Buchenerstr. 14
83646 Bad Tölz
Tel. 08041-78 74 0
Fax 08041-72 383
hotel@alpenhof-toelz.de
www.alpenhof-toelz.de
€

Bad Heilbrunn
Pension Resi
Kochelerstr. 30
83670 Bad Heilbrunn
Tel. 08046/383
DZ ab 50 €
Für Motorradfahrer: Parkplatz.
€€

Jachenau
Gasthof Jachenau
Dorf 8 ½
83676 Jachenau
Tel. 08043-910 0
Fax 08043-910 10
info@gasthof-jachenau.de
www.gasthof-jachenau.de

Motorräder können kostenlos
geparkt werden
€

Kochel/Ried
Alpengasthof Rabenkopf
Kocheler Str. 23
82431 Kochel/Ried
Tel. 08857/208
Fax 08857-91 67
rabenkopf@loisachtal.net
www.loisachtal.net/
alpengasthof_hotel_rabenkopf
DZ ab 60 €
Gasthof mit Biergarten und
Zeltplatz.
Für Motorradfahrer: Garage,
Trockenplatz.
€€

Wolfratshausen
Hotel Thalhammer
Sauerlacherstr. 47d
82515 Wolfratshausen
Tel. 08171-42 19 0
Fax 08171-4219 50
mail@hotel-thalhammer.de
www.hotel-thalhammer.de
Wäscheservice, Sauna
€€

Eurasburg
Sprengenröder Alm
Sprengenröd 4
82547 Eurasburg
Tel. 08179/93 10 0
Fax 08179/93 10 93
info@sprengenoeder-alm.de
www.sprengenoeder-alm.de
Hoch über dem Loisachtal wer-
den bayerische Spezialitäten
kredenzt. Mit Biergarten und
Gästezimmer.

Lenggries
Hotel Alpengasthof

»Lenggrieser Hof«
Münchnerstr. 3
83661 Lenggries
Tel. 08042-50 56 0
Fax 08042-50 56 66
www.lenggrieser-hof.de
Bayerische Schmankerl, mit
Biergarten, Fremdenzimmer
und Strohlager. Für Motorradfahrer: Parkplatz, Trockenraum. DZ ab 50 €

Forum der Technik
Im Forum steht das modernste
Planetarium der Welt. Außer-
dem werden Lasershows ge-
zeigt. Ein paar Meter weiter
werden im IMAX faszinierende
Dokumentarfilme gezeigt, zum
Teil in 3-D. Eintrittspreis für
Planetarium und IMAX: ca. 11 €
Tel. 089/21 12 51 80
www.forumamdeutschen
museum.de

Viktualienmarkt
Der ehemalige Bauernmarkt
besteht seit 1807. Hier gibt es
alles von Avocado bis Zander
und Spezialitäten aus aller
Welt.
Innenstadt, zwei Minuten
Fußweg vom Marienplatz.
Geöffnet Montag–Samstag
7–18 Uhr.
www.viktualienmarkt-
muenchen.de

Münchner Blade Night
Auf elf unterschiedlichen
Routen geht es durch die
Stadt, jeweils ab 19 Uhr sind
die Straßen gesperrt.
Wöchentlich Mai–September.
Treffpunkt: 20.30 Uhr

Sophienstraße am Hauptbahn-
hof.
Tel. 089/48 99 71 31
www.muenchner-
blade-night.de

Tollwood Festival
Findet zweimal im Jahr statt,
einmal im Juni, einmal im
Dezember. Kultur und Kulinari-
sches wird geboten.
Tel. 089/38 38 50 00
www.tollwood.de

Raisting/Erdfunkstelle
www.raisting.de/erdfunkstelle

Walchensee
www.walchensee.net
Besichtigung des Erlebnis-
kraftwerkes mit Führung
Treffpunkt: Infocenter am Wal-
chensee-Kraftwerk
Veranstalter: info@kochel.de
Tel. 08851/3 38
Fax 08851/55 88

Kesselberg
Am Wochenende und an Feier-
tagen ist die Strecke bergwärts
(von N nach S) für Motorradfahrer gesperrt! Auch sonst
gibt es reichliche Kontrollen im
Hinblick auf Geschwindigkeit
und Beachtung des Überhol-
verbotes.

Klosterkirche Benediktbeuren

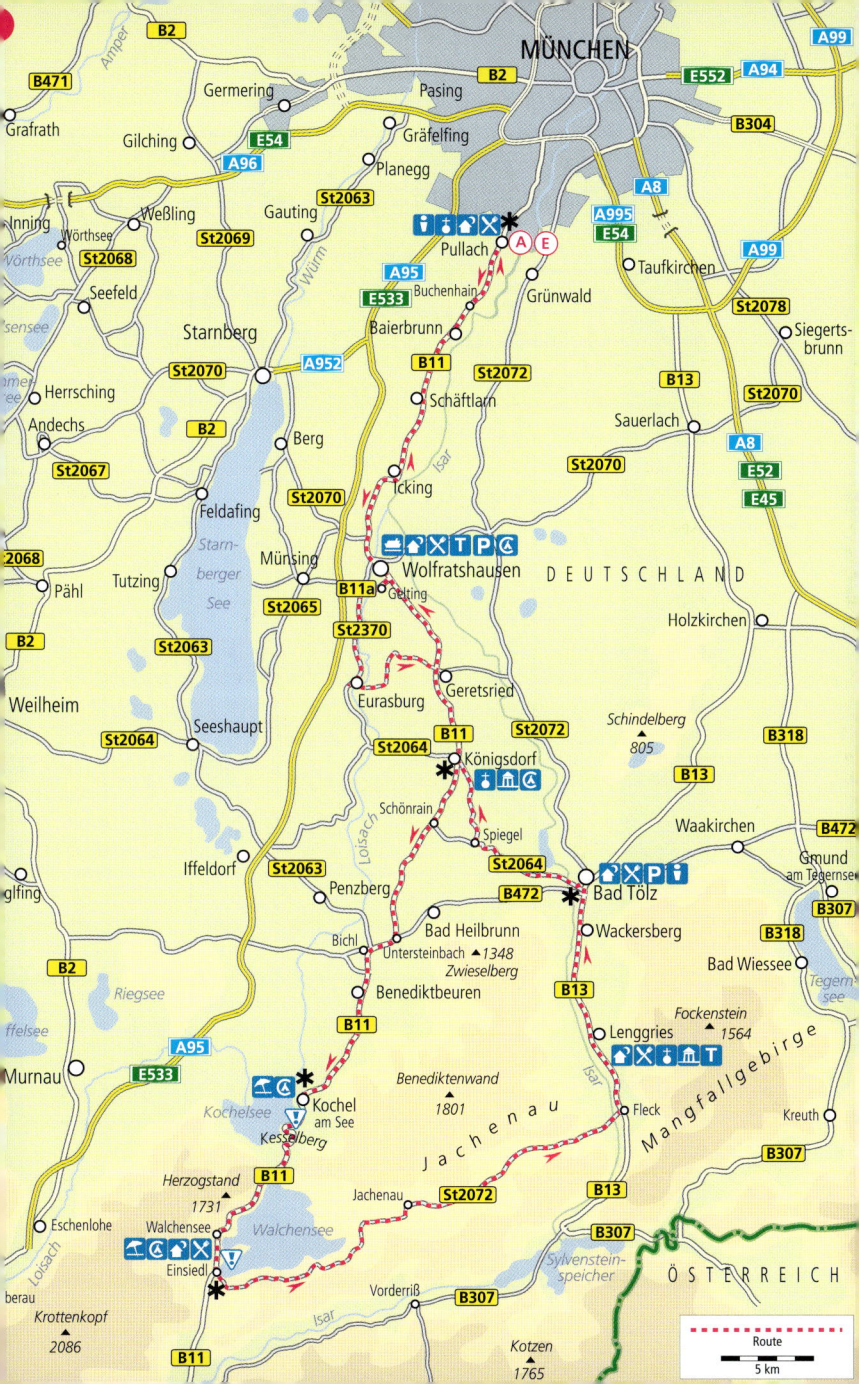

Tour 3

Roadbook 3 Tölzer Land

Nr.	km	Position	Richtung	Information	Straße
12	167	**Wolfratshausen**	←	Ri. München – auf der B 11 bleiben	B 11 / 21
11	146	**Königsdorf**	⌐	rechts auf die B 11 in Richtung Wolfratshausen	B 11 / 13
10	133	**Unterbuchen**	⌐	Ri. Königsdorf – rechts abbiegen	St 2064 / 5
9	128	**Bad Tölz**	✛	die B 472 kreuzen und in die Stadtmitte fahren / links über die Isar in Ri. Unterbuchen	St 2064 / 6,5
8	121,5	**Lenggries**	⌐	Ri. Bad Tölz – links abbiegen	B 13 / 10
7	111,5	**Einsiedl/ Walchensee**	⌐	Ri. Jachenau/Lenggries – links abbiegen	St 2072 / 31
6	80,5	**Kochel am See**	←		B 11 / 17

B 11 / 22 ●	**B 11** / 6,5 ●	/ 7	**St 2370** / 7 ●	**B 11** / 21 ●
			🅿 🅣 ＊ 🅣	
			✱ ✕ 🅿 ✕	
			↰ ↰	
Ri. Benediktbeuern/Kochel – auf der B 11 bleiben	Ri. Königsdorf – rechts abbiegen	auf kleiner Straße nach Geretsried – links abbiegen	Ri. Eurasburg – geradeaus	auf B 11/11a bleiben bis Wolfratshausen
←	⤴	⤵	←	←
Geretsried	**Geretsried**	**Eurasburg**	**Wolfratshausen**	**Pullach**
63,5	41,5	35	28	21
5	4	3	2	1

Sommer-
frische
nach Maß

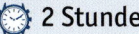 2 Stunden 115 Kilometer

Die deutsche Alpenstraße lockt mit schwungvollen Kurven. Der Rest des Programms liefert teilweise knackige Kurven und gute Straßenführung.

Rottach-Egern liegt unmittelbar am Tegernsee, der eine der ersten Adressen Bayerns ist – lockt er doch Prominente aus der ganzen Welt an. Die ungeheure Anziehungskraft Rottachs und des Tegernsees liegt sicherlich in der harmonischen Voralpenlandschaft begründet, die bayerisches Lokalkolorit mit mondänem Flair mischt. Die Berge, die sich gar nicht grimmig, sondern sanft in den Himmel strecken, sind ideal für alle, die sich auf »zwoa Brettln« bewegen wollen. Deshalb ist es nicht verwunderlich, dass einige der besten Skifahrer und Snowboarder aus dieser Region kommen. Das Image ist mittlerweile etwas angekratzt, der See ist überlaufen und Rottach-Egern bietet vor allem für die Reichen, die ihr Geld im Kasino von Bad Wiessee noch vermehren, eine unglaubliche Zahl an Nobelboutiquen

Asphalt naschen auf der Deutschen Alpenstraße

Tour 4

Seite 56/57: Forsthaus Valepp

und -herbergen. Dabei war es einmal das Dorf der Maler und Poeten. Nur am See an der Pfarrkirche St. Laurentius ahnt man noch etwas von seiner Ursprünglichkeit.

Alpenfleckvieh und Geldmaschinen

Der Tegernsee selbst wurde seit ehedem mit Lobeshymnen überhäuft, vom »Paradies auf Erden« oder einem »Platz der Glückseligkeit« war die Rede. In Gmund bietet sich der wohl schönste Blick auf den See und die bewaldeten Berge. Dort, wo das bayerische Alpenfleckvieh noch auf satt-grünen Wiesen weidet, ist der ländliche Charme des Tales spürbar und segnet jeden mit einem Gefühl der Zufrieden-heit. Zufrieden sind auch jene, denen im Kasino von Bad Wiessee das Glück hold war.

Früher zogen Scharen von Pilgern nach Wiessee, im Glauben an die heilbringende Wirkung des St. Quirinus-Öls, das ein findiger Mönch entdeckt haben soll. Später erfuhr man aber, dass es Erdöl war und ganz nebenbei ent-deckte man eine Jod-Schwefel-Therme, die den Aufstieg des Ortes zu einem Heilbad besiegelte.

Die Isar als sprudelnder Gebirgsfluss

Damals waren es die gekrönten Häupter, die in Wildbad Kreuth ihr Heil suchten, heute findet sich alljährlich die CSU-Prominenz zur Klausurtagung ein. Pittoresk liegt Kreuth am Ende der Deutschen Alpenstraße, umgarnt von blumenreichen Wiesen, den lieblichen Auen der Weißach und den lockenden Blaubergen. Die Kreuther St. Leonhard-Kirche liegt am Fuß des Leonhardsteins und ist wohl das älteste Gotteshaus, das dem Viehpatron geweiht wurde. Und das aus gutem Grund, denn von hier aus wurden die Saumpferde auf gefährlichen Pfaden nach Tirol geführt. Das Vieh bestimmte auch bei den Siebenhütten das Leben, denn dort wurden einst mehr als 500 Ziegen gehalten, deren Milch für die Molkekur der Gäste verarbeitet wurde.

Wunderschöne Bergwelt des Mangfall-gebirges

Der malerische Isarwinkel

Die Weißach geleitet uns im einträglichen Rhythmus bis zum Achenpass und zum Sylvensteinspeicher. Der fjord-artige Charakter des Sylvenstein-Stausees dehnt sich jenseits der Berge, südlich der Jachenau aus. Aufgabe des

Isarwasserfälle nördlich von Wallgau

Stausees ist und bleibt, den Wasserstand der Isar wieder zu erhöhen, nachdem sie für das Walchenseekraftwerk entwässert wurde, und gleichzeitig das Land vor Hochwasser zu schützen in Zeiten der Schneeschmelze. Obendrein wird die Fallhöhe von 26 Metern zur Stromerzeugung genutzt. Dafür musste damals der alte Weiler-Fall weichen, der bekannt wurde durch den Ganghofer-Roman »Der Jäger vom Fall«, ein Heimatroman voll mit wildromantischen Beschreibungen, dramatischen Begebenheiten und zärtlichen Begegnungen. Zärtlich ist auch die Beschreibung des Volksmundes für diesen Landstrich, der in der liebevollen Umarmung der Isar zwischen Vorderriß, Lenggries und bis nach Bad Tölz liegt – der Isarwinkel.

Tipp

Im Süden des Tegernsees erhebt sich der ca. 1700 Meter hohe Wallberg. Eine anspruchsvolle Panoramastraße führt bis zum Parkplatz Wallbergmoos, in 1100 Meter Höhe gelegen, und bietet einen fantastischen Rundblick auf Täler und Gipfel.

Erst bei Vorderriß beginnt wieder wirklich anspruchsvolles Fahren, vor allem, wenn man den kleinen Abstecher bis zum österreichischen Sonnjoch durchs Rißtal wagt. Der Nordrand des Karwendelgebirges drängt sich dabei ins Auge des Betrachters,

Tipp

Im Geigenbaumuseum in Mittenwald sind die Werke einheimischer Künstler ausgestellt. In der angrenzenden Werkstatt erfährt man, wie eine Geige gebaut wird. Öffnungszeiten Mo–Fr 10–11.45 Uhr und 14 bis 16.15 Uhr, Ballenhausgasse 3, Mittenwald.

mächtig und schroff türmt sich das Felsgestein gegen den Himmel. Unterwegs durch Berg und Tal, fordert die letzte Etappe die Aufmerksamkeit, denn zahlreiche Kuppen, Engstellen und Brücken kennzeichnen den mautpflichtigen Weg von Vorderriß nach Wallgau, das nur so schwelgt von Fassaden mit Lüftlmalerei.

Mittenwald – »ein lebendiges Bilderbuch«

Rau und unzugänglich zeigt sich das urbayerische Terrain vor Mittenwald, denn im Wettstreit mit dem Karwendel steht das Wettersteinmassiv. Von dessen Wettersteinspitze schaut man in ein behäbiges Stadtbild voll bunter Fassaden. Für Goethe war dieser Ort »ein lebendiges Bilderbuch« und er meinte damit sicherlich die prächtige Schau von ehrwürdigen Bauern- und Bürgerhäusern und deren beeindruckenden Fassadenmalereien, denn in Mittenwald wurde dieses alte Kunsthandwerk besonders gepflegt und vorangetrieben. Auch eine andere Kunst machte Mittenwald in der Welt berühmt: 1683 wurde hier die erste Geigenbauwerkstatt von Matthias Klotz gegründet, der nach seinen Lehrjahren in Italien nach Mittenwald zurückkehrte. Die Prunkstücke einheimischer Geigenbauer kann man im Geigenbaumuseum besichtigen. Dabei erfährt man auch, wie solch eine Instrument entsteht.

Tour 4

Kuramt im Haus des Gastes
83684 Tegernsee
Tel. 08022/18 01 40
Fax 08022/37 58

**Tegernseer Tal
Gemeinschaft**
Hauptstr. 2
83684 Tegernsee
Tel. 08022/18 01 49
info@tegernsee-tal.de
www.tegernsee-tal.de

UNTERKUNFT

Bayerischzell
Postgasthof Rote Wand
Geitau 15
83735 Bayrischzell
Tel. 08023/90 50
Fax 08023/6 56
Info@GasthofRoteWand.de
www.gasthofrotewand.de
Garage für Motorrad kostenlos
€€

Hinterriss
Eng – Alpengasthof
Straße Eng 1+2
A-6215 Hinterriss
Tel. 0043/5 24 52 31
Fax 0043/5 24 52 31 80
info@eng.at
www.eng.at
Wellness, kostenloser Moun-
tainbikeverleih, Grillplatz
€

Tegernsee
Hotel Jäger von Fall
Ludwig-Ganghofer Str. 8
83661 Lenggries Fall
Tel. 08045/1 30
Fax 08045/1 32 22

info@jaeger-von-fall.de
www.jaeger-von-fall.de
Ruhig gelegenes bikerfreund-
liches Hotel, am Rande des
Karwendels.
Idealer Ausgangspunkt zum
Pässe fahren.
€€

Hotel Ritter am Tegernsee
Ritter Hotelmanagement GmbH
Münchnerstrasse 11
D-83707 Bad Wiessee
Tel. 08022/66 56-0
Fax 08022/66 56-1 11
urlaub@ritter-hotel.de
www.ritter-hotel.de
Ein Eldorado für jeden Biker:
Sudelfeld, Deutsche Alpen-
straße, Tegernsee, Schliersee,
Spitzingsee u.v.m
€€€

Ludwig Thoma
Ludwig-Thoma-Weg 19
83684 Tegernsee
Tel. 08022/9 21 50
Fax 08022/92 15 25
H.Waldenmaier@t-online.de
www.gaestehaus-ludwig-
thoma.de
DZ ab 80 €

Seehotel Zur Post
Seestr. 3
83684 Tegernsee
Tel. 08022/66 55 0
Fax 08022/16 99
info@seehotel-zur-post.de
www.seehotel-zur-post.de
DZ ab 50 €; für Motorradfahrer
Parkplatz.

ESSEN & TRINKEN

Freihaus Brenner
Freihaus 4

83704 Bad Wiessee
Bayerische und internationale
Küche.
Tel. 08022/8 20 04
Fax 08022/8 38 07
info@freihaus-brenner.de
www.freihaus-brenner.de
Im Sommer: Di Ruhetag
Im Winter: Di + Mi Ruhetag
Küche geöffnet von
12.00 – 14.00
Und 18.30 – 22.00

Gutshof Kaltenbrunn
Kaltenbrunn 1
83703 Gmund am Tegernsee
Tel. 08022/79 69
Fax 08022/7 45 36
info@GutKaltenbrunn.de
www.gutkaltenbrunn.de
Restaurierter Gutshof mit
wunderschönem Biergarten.
Obendrein gibt es selbst
gebrannten Schnaps und gut-
bürgerliche Gerichte.

**Herzogliches Bayerisches
Bräustüberl**
Schlossplatz 1
83684 Tegernsee
Tel. 08022/41 41
Fax 08022/34 55
Im rustikalen Kellergewölbe
wird altbayerische Lebensart
gepflegt.

SEHENSWERT

Geigenbaumuseum
Ballenhausgasse 3
82481 Mittenwald
Tel. 08823/25 11
geigenbaumuseum@markt-
mittenwald.de
www.geigenbaumuseum-
mittenwald.de

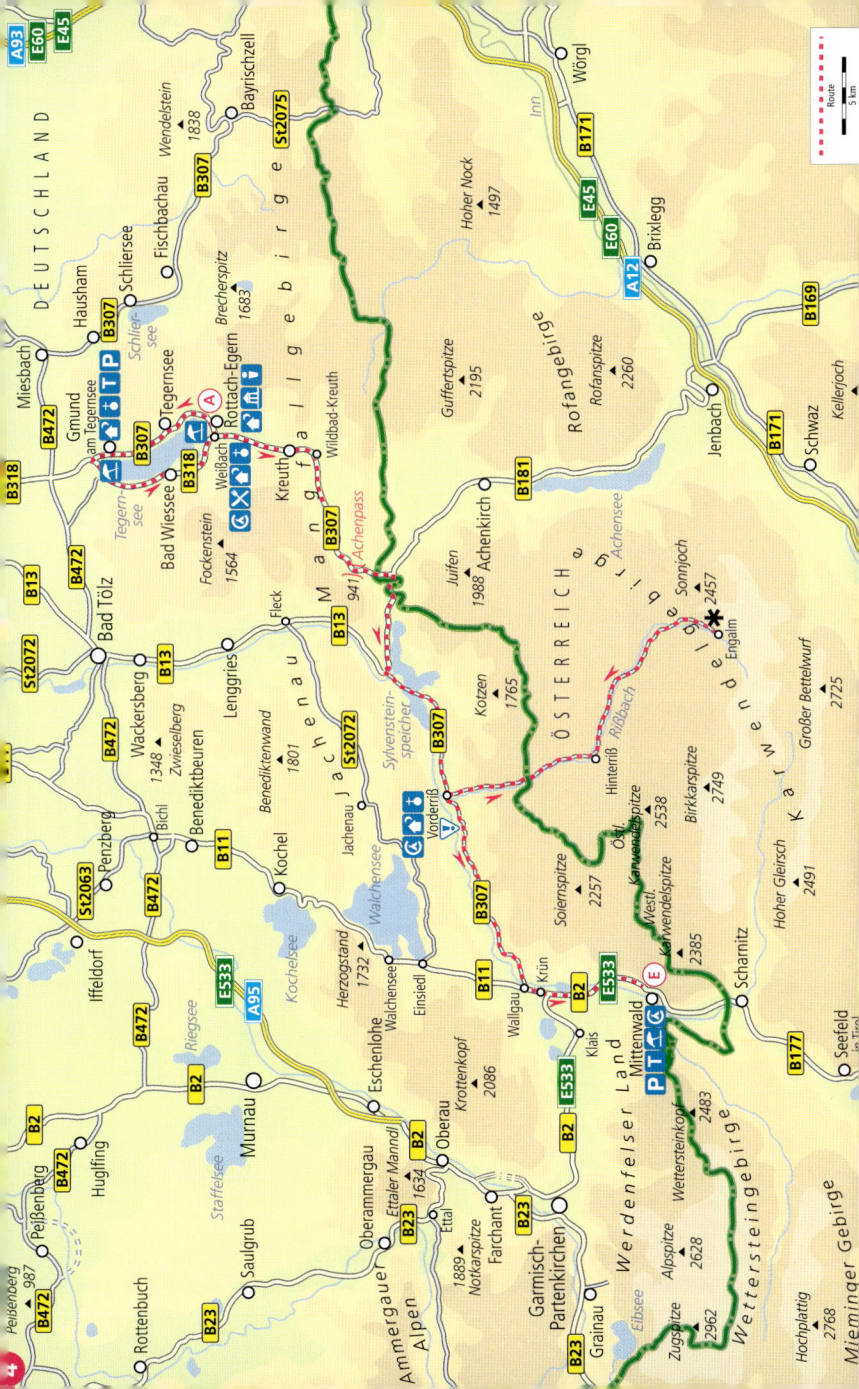

Tour 4

Roadbook 4 Tegernseer Tal

Nr.	km	Position	Richtung	Information		
8	115	**Wallgau**	⌐	in Richtung Krün (Mittenwald) – links abbiegen	🅖 🅟	🄷 🄣
7	94	**Vorderriß**	⌐	Ri. Wallgau, Dt. Alpenstraße (Mautpflicht!) – links abbiegen	▷	
6	81	**Vorderriß**	⌐	Abstecher zum österreichischen Sonnjoch und retour nach Vorderriß – links abbiegen in Hagehüttenweg	🄵 🅖	🕂 ✳
5	56	**Sylvenstein-speicher**	⌐	Ri. Wallgau, weiterhin auf der B 307		
4	45,5	**Achenpass**	⌐	auf der B 307 bleiben Ri. Vorderriß		
3	38	**Weißach**	⌐	über Kreuth in Richtung Achenpass – rechts abbiegen	🄵 🄓	🕂 ✕
2	19	**Gmund**	⌐	Ri. Bad Wiessee bis Weißach, eine Runde um den Tegernsee – links abbiegen	🄟 🄷	🕂 🄓

Road signs column:
- B 11/B 2 · 11,0
- B 307 · 13,0
- Rißtal · 25,0
- B 307 · 10,5
- B 307 · 7,5
- B 307 · 19
- B 318 · 11

über Tegernsee Richtung Gmund

Rottach-Egern

8

1

Öffnungszeiten
Von 11.00 – 16.00 geöffnet
Montags geschlossen

VERANSTALTUNGEN

Ballonfahrten
Von Rottach-Egern aus geht es
hoch in die Lüfte.
Wer schwindelfrei ist, kann
sich bei Ballooning über
Termin und Abflugorte infor-
mieren.
Tel. 08022/6 59 76.

Schiffsausflüge
Rundfahrten ganzjährig ab
Gmund, Rottach-Egern,
Tegernsee.
Bayerische Seen Schifffahrt,
Tel. 08022/9 33 11.

Schlittenrennen Gaisach
Beim alljährlichen
Schnablerrennen sind nur
original einsitzige oder zwei-
sitzige Schnabler zugelassen.
Die Wettfahrt startet vom
1000 Meter hohen Lehener
Berg. Termin je nach Schnee-
lage, Information:
Tel. 08042/9 87 76.
Fax 08042/97 28 48
info@schnabler.de
www.schnabler.de

Klosterbier und kernige Wege

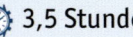 3,5 Stunden 116 Kilometer

Die Route verbindet legendäre Landschaften wie den Spitzimsattel mit berühmt-berüchtigten Straßen, die Biker immer wieder in Heerscharen anziehen. Wenn nur die Bitumenflickerei am Sudelfeld nicht wäre!

Die Münchner sind zu beneiden: Nicht nur Biergärten gibt es bei ihnen, sondern auch die Alpen haben sie vor der Tür. Dazu der Föhn, der neben Migräne auch den berühmten weiß-blauen Himmel beschert. Und die Stadt selbst ist auch noch attraktiv. Die Gegensätze sind es, die München so anziehend machen: Altstadtzauber und Weltstadtflair, Hightech-Hochburg und Biergarten-Gemütlichkeit. Wer also die bayerische Lebensart außerhalb der Stadtgrenzen kennen lernen will, sollte einen Abstecher nach Aying unternehmen. In diesem schmucken Dorf können Genießer süffig ihren Durst mit Ayinger Bier löschen. Bier ist hier Programm und so gibt es tatsächlich auch eine Bier-

Seeidylle Schliersee

Tipp

Auf halber Strecke zwischen Holzkirchen und Bad Tölz liegt das Franziskanerinnen-Kloster Reutberg bei Sachsenkam. Im urigen Biergarten kommt das brauereieigene »Josefi Bock« auf den Tisch. Kloster Reutberg, Tel. 08021/83 82, auch Fremdenzimmer.

Wanderkarte, die einen vom Gasthof zum Metzger, vom Tal auf den Berg führt.

Enge Schluchten und Panoramablick

Der Weg in die Schlierseer Berge führt, an Unterhaching vorbei, nach Sauerlach. Unterhaching wurde vor allem durch die Spielvereinigung Unterhaching bekannt, die immerhin zwei Saisons in der 1. Bundesliga als David gegen die Goliaths kämpfte. Schwungvoll geht es auf der gut ausgebauten Straße bis nach Holzkirchen, hinein ins Mangfallknie. Das Tal der Mangfall strebt vom Tegernsee kerzengerade nach Norden, bevor der Fluss bei Grub plötzlich kehrt macht und nach Südosten weiterfließt. Bei Weyarn und Grub sind vielerorts tiefe Schluchten eingeschnitten.

Im Schlierachtal begrüßt uns die beschauliche Stadt Miesbach, die seit Erhalt der Marktrechte (1367) eine betriebsame Stadt geworden ist. Seit alters her wurde hier gehandelt: mal Salz an den Mann gebracht und oder aber um Wein und Vieh gefeilscht. Heute bestimmen die engen, verwinkelten Gassen und die herausgeputzten Bürgerhäuser das Bild um den ensemblegeschützten Marktplatz.

Moränenhügel und saftige Wiesen

Das blaue Nass des Schliersees liegt inmitten von Hügeln, umgarnt von Baum- und Wiesenlandschaften, die sich im Hintergrund zu Gebirgen erheben. Im Grün des Tales sitzen wie i-Tüpfel die Häuser, reich verziert mit Lüftlmalerei und geschnitztem Holzbeiwerk. Eine behagliche Idylle, durch die man in sanftem Auf und Ab schwelgt.

*Seite 69:
Abwechslungsreiche Strecke im Inntal*

Sudelfeldstraße mit Blick auf den Wendelstein

Der Ort **Schliersee** ist längst nicht so idyllisch wie der See selbst, denn bereits im 19. Jh. rissen Münchner Künstler den kleinen Ort aus seinem geruhsamen Schlaf. Heute zieht das Schlierseer Bauerntheater die Massen in Scharen an – immerhin gastierte das Theater bereits überall auf der

Welt. Wer also seine Kenntnisse des Bayerischen testen
möchte, kann Karten im örtlichen Reisebüro ergattern.

Allerdings lockt uns auch die Gipfelwelt der Schlierseer
Berge. In einem Hochtal verborgen liegt der romantische
Spitzingsee. Eine gut ausgebaute Straße führt hinauf zum

Spitzingsattel, der neben dem Spitzingsee auch einen fantastischen Blick auf den Schliersee und auf das romantische Leitzachtal offeriert. Dorthin geht es zurück, nach Fischbachau, ein erholsamer Ort, der u.a. ein ehemaliges Benediktiner-Münster beherbergt, das als besterhaltene Basilika Südbayerns gilt. Der Name des Ortes verrät aber vor allem einen vergangenen kulinarischen Reichtum. So bot in diesem malerischen Tal die einst reißende Leitzach eine Fülle an Fisch. Ob es am Fisch lag, weiß man nicht, jedenfalls flohen einige Benediktiner aus der »wüsten Einsamkeit« Fischbachaus nach Bayrischzell – ein Fremdenverkehrsort, der bereits seit Jahrzehnten auf Tourismus eingestellt ist. Hier kann auch jeder Ungeübte leicht besohlt zum Wendelstein aufbrechen, da die Infrastruktur hier auf alle Bedürfnisse ausgerichtet ist.

Wendelstein, Sudelfeld und Tatzelwurm

Ein Ausflug auf den Hausvater des Ortes ist immer empfehlenswert. Eine Zahnradbahn in Osterhofen und eine Seilbahn in Brannenburg bringen einen auf den 1838 Meter hohen Wendelstein, der mit seinem grauen Fels und den imposanten Steilwänden den Blick beherrscht. In luftiger Höhe wurde ein Panorama-Gipfelweg angelegt, der eine fantastische Rundumsicht bietet. Wem es bei solch einer Höhe aber schwindelt, der kann auch in die Tiefe steigen, nämlich in die eiskalte Wendelstein-Höhle, die 200 Meter weit begehbar ist.

Ein Anblick wie aus dem Bilderbuch offenbart sich auf dem Weg zum »Oberen Sudelfeld«: eine Almlandschaft mit blumenübersäten Bergwiesen und dem

Tipp

Enge Kurven und spitze Kehren bietet einem sommers wie winters der »Bob-O-Gan-Rodel«, der Sie von der Schliersbergalm hinunter ins Tal befördert. Folgen Sie in Schliersee der Beschilderung Ferienpark Schliersbergalm bis zur Seilbahnstation.

Glockengeläut grasender Bergkühe. Für Skisportler ist das
Sudelfeld im Winter ein beliebtes Ziel, im Sommer teilen
sich die Motorradfahrer die rauschende Bergauffahrt. Der
Gipfelsturm geht weiter bis zum Endpunkt der Deutschen
Alpenstraße: dem Tatzelwurm. Eine Rast im Gasthof
»Feuriger Tatzelwurm« bietet die Gelegenheit zum Aus-
tausch mit Gleichgesinnten. Weiter geht es dann zu den
70 Meter hohen Tatzelwurm-Fällen, die in drei Kaskaden
durch Felsklüfte hindurch ins Tal stürzen. In Richtung
Oberaudorf führt uns die mautfreie Strecke ins Inntal,
nach Kiefersfelden – dem letzten Zipfel Bayerns im Inntal.

*Pausenplatz
am Spitzingsee*

73

**Kurverwaltung &
Gästeinformation
Schliersee**
Bahnhofstr. 11a
83727 Schliersee
Tel. 08026/6 06 50
Fax 08026/60 65 20
tourismus@schliersee.de
www.schliersee.de,
www.bayrischzell.de,
www.fischbachau.de

UNTERKUNFT

Bad Wiessee
Hotel Ritter am Tegernsee
Ritter Hotelmanagement GmbH
Münchnerstrasse 11
D-83707 Bad Wiessee
Tel. 08022/66 56-0
Fax 08022/66 56-1 11
urlaub@ritter-hotel.de
www.ritter-hotel.de
Ein Eldorado für jeden Biker:
Sudelfeld, Deutsche Alpen-
straße, Tegernsee, Schliersee,
Spitzingsee u.v.m
€€€

Bayerischzell
Gasthof Wendelstein
Ursprungstr. 1

83735 Bayrischzell
Tel. 08023/8 08 90
Fax 08023/80 89 69
hotel.wendelstein@
t-online.de
www.gasthof-wendelstein.de
Biergarten, Restaurant
€

Holzkirchen
Landhotel Konrad
Rosenheimer Str. 16–18
83607 Holzkirchen
Tel. 08024/90 50
Fax 08024/90 52 15
landhotel.konrad@t-online.de
www.landhotel-konrad.de
DZ ab 70 €, Nichtraucher-
zimmer
Mit Restaurant, Café; für
Motorradfahrer: Werkstatt in
der Nähe, Trockenraum,
kostenlose Garage,
Tourentipps.

Oberaudorf
Sporthotel Wilder Kaiser
Naunspitzstr. 1
83080 Oberaudorf
Tel. 08033/92 50
Fax 08033/31 06
info@wilderkaiser.de
www.wilderkaiser.de
DZ ab 30 €

*Traumlandschaft in
Thiersee, Österreich*

Mit Fitnessraum, Sauna,
Restaurant; für Motorrad-
fahrer: Parkplatz,
Trockenraum.
€€

Sachsenkam
Gasthof zum Neuwirt
Tölzerstr. 1
83679 Sachsenkam
Tel. 08021/55 06
Fax 08021/90 12 90
webmaster@neuwirt-
sachsenkam.de
ww.neuwirt-sachsenkam.de
Biergarten
€

Sauerlach
Hotel Neuwirt
Bahnhofstrasse 13
82054 Sauerlach
Tel. 08104/6 67 90
Fax 08104/6 67 91 08
info@hotel-neuwirt.de
www.hotel-neuwirt.de
Kostenlose Stellplätze, Garage
gegen Aufpreis
€€

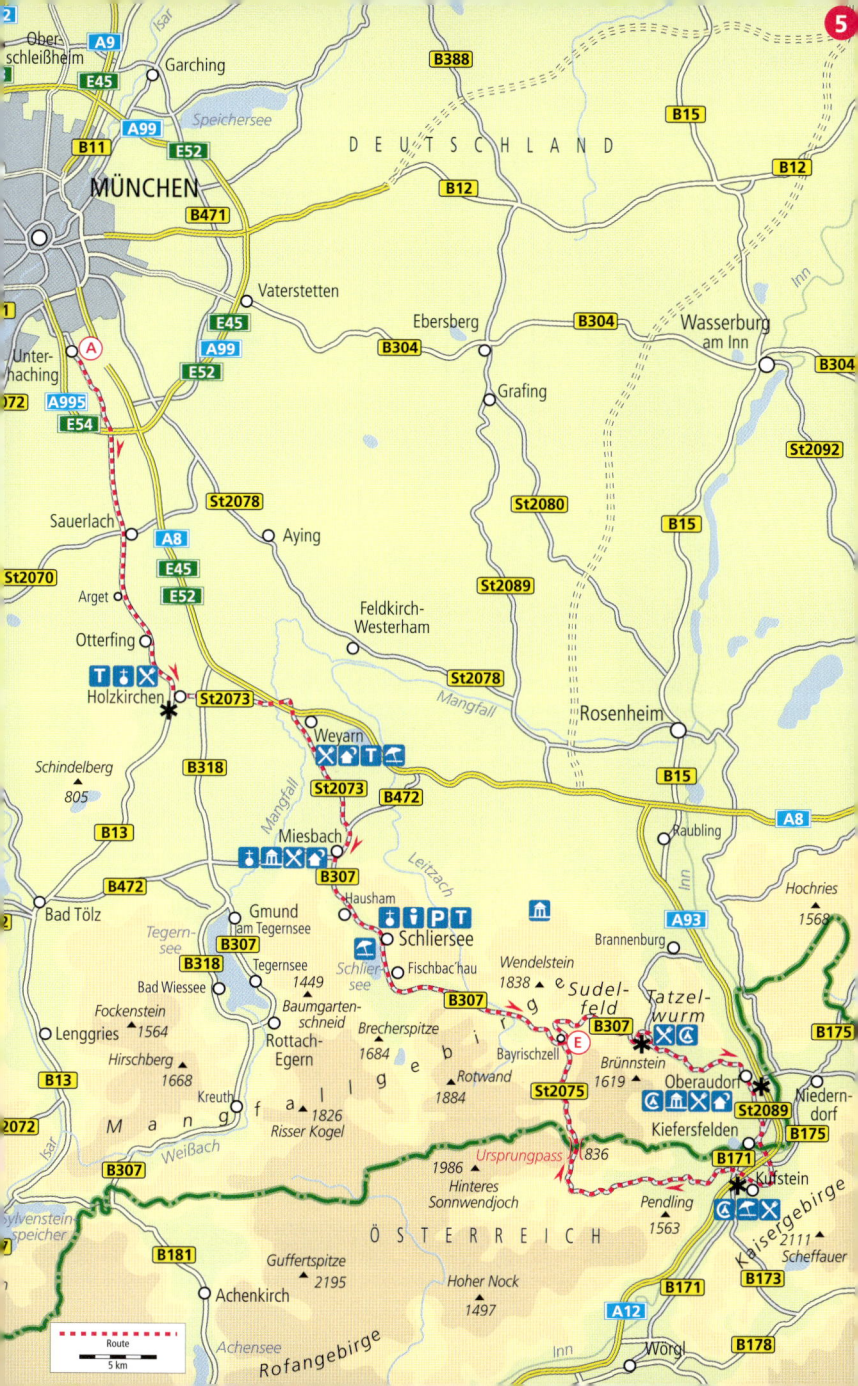

Roadbook 5 Schlierseer Berge

Tour 5

Nr.	km	Position	Richtung	Information	Straße
10	115,5	**Kufstein**	↱	Ri. Bayrischzell – rechts abbiegen	St 2075 / 24,5
9	91	**Oberaudorf**	↱	über Kiefersfelden nach Kufstein (B 171) rechts abbiegen	St 2089 / 10
8	81	**Tatzelwurm**	↱	Ri. Oberaudorf – rechts abbiegen	/ 8
7	73	**Bayrischzell**	←	auf der B 307 bleiben Ri. Sudelfeld/Tatzelwurm – geradeaus	B 307 / 12
6	61	**Schliersee**	←	Ri. Bayrischzell – geradeaus	B 307 / 14
5	47	**Miesbach**	←	geradeaus auf die B 307 in Ri. Schliersee	B 307 / 6
4	41	**Weyarn**	↱	am Kreisel rechts nach Weyarn hinein und weiter geradeaus in Ri. Miesbach	St 2073 / 10

Nr.	Straße	km gesamt	Ziel	Hinweis	km	Symbole
3	St 2573 / 8,5	31	Holzkirchen	von der B 13 geradeaus auf die St 2073 in Ri. Weyarm	←	✉ 🏨 ✳ ℹ
2	B 13 / 12	22,5	Sauerlach	Ri. Arget/Holzkirchen – auf der B 13 bleiben	←	
1	B 13 / 10,5	10,5	München-Unterhaching	Ri. Sauerlach	←	

ESSEN & TRINKEN

Bräustüberl Kloster Schäftlarn
Kloster Schäftlarn 2
Tel. 08178/3694
Oase der Ruhe. Angenehmer Biergarten, bayerische Spezialitäten.

Kloster Reutberg
83679 Sachsenkam
Tel. 08021/83 82 und 82 82
Sehr schöner Biergarten.

Ochsenwirt
Carl-Hagen-Str. 14
Tel. 08033/3 07 90
Fax 08033/3 07 91 40
info@ochsenwirt.de
www.ochsenwirt.com
Ältestes Wirtshaus im Inntal, gehobene bayerische Küche.

SEHENSWERT

Kloster Reutberg
83679 Sachsenkam
Tel. 08021/82 82
Führung durch die Klosterkirche nach Voranmeldung, mit Klosterapotheke.

Sudelfeld und Tatzelwurm
Tatzelwurm-Fälle: Schlucht mit hohen Wasserfällen beim Gasthof »Feuriger Tatzelwurm«. Herausfordernde, schöne Strecke.

Bergkulisse und Zwiebeltürme

TOUREN-CHECK

 4 Stunden 🏍 180 Kilometer

🏍 Berge und bayerische Zwiebeltürme bilden die ideale Kulisse für Biker-Traumpisten, die es zu erobern gilt. In der Regel garantieren die guten Straßen ungetrübten Fahrgenuss.

Urwüchsig und malerisch lockt das Land zwischen München und den Alpen. Idealer Ausgangspunkt für die Annäherung an den Chiemgau ist Wasserburg am Inn. Und – wie der Bayer sagt – deppert ist der, der sich dieses historische Kleinod, malerisch auf einer Halbinsel gelegen, nicht anschaut. Verborgen hinter haushohen, steinalten Stadtmauern mit Erkern und Zinnen, zählt Wasserburg zu dem Schönsten, was Deutschland zu bieten hat. Im 14. Jh. erhielt die wehrhafte Siedlung von Ludwig von Bayern die Stadtrechte – und von da an ging es bergauf.

Der Salzhandel und die einmalige Lage am Fluss begünstigten die Schifffahrt und verhalfen Wasserburg zur wirtschaftlichen Blüte. Zeichen aus jener Epoche des Wohlstands sind

Traumpisten am Fuß des Kaisergebirges

79

Tour 6

Tipp

Das EFA-Automobil-Museum in Amerang wartet mit einer imposanten Modelleisenbahn-Anlage und einer großen Miniatur-Eisenbahn-Sammlung auf. Wasserburger Str. 38, geöffnet täglich außer Montag 10 – 18 Uhr, Tel. 08075/81 41.

Seite 80/81 Kufstein, viel besungene Perle am Inn

bis heute die stattlichen Bürgerhäuser und Kirchen. Geht man vom Rathaus weiter über den Roten Turm bis zur Schönen Aussicht, überblickt man die gotische Altstadt mit der Inn-Promenade. Vorbei an eiszeitlich geformten Moränenhügeln, erreicht man danach Amerang. Romantisches und südliches Flair erfüllt Schloss **Amerang**, wenn der Schlossherr im Sommer Konzerte im Schlosshof veranstaltet.

Bizarre Skulpturen und geraubte Mädchen

Sicht aufs Voralpenland

Bevor man sich dem ganz großen Gewässer nähert, findet man in **Obing** einen der wenigen Orte abseits des **Chiemsees**, die einen See ihr eigen nennen. Das Wasser ist von einem breiten Schilfgürtel umgeben, der nordöstlich mit einer schönen Liegewiese zum Verweilen einlädt. Neben dem Sonnen, Baden und Rudern ist auch fürs leibliche

Wohl gesorgt. Die Petrijünger ergattern in der Weite des Sees Zandern,
Aale und Regenbogenforellen, die
in den vielen Gasthöfen den Gau-
men kitzeln.

Bizarr dagegen sind die Arbeiten
von mehr als 25 Bildhauern, deren
Werke auf einem Rundweg um den
Obinger See ausgestellt sind.
Klassisch in Stein gehauene Objekte
wechseln sich ab mit Arbeiten aus
rostigen oder glänzenden Metallen.
Düster dagegen präsentiert sich die
alte Burg der Törringer auf Stein,
deren alte Höhlenburg mit Taschen-
lampe unter fachkundiger Leitung
zu entdecken ist. Dabei wandelt

*Postkartenidylle
im Inntal*

man auf den Spuren des »wilden Raubritters Heinz von
Stein«, der früher seinen Mitmenschen das Fürchten
lehrte. Dies besorgt heute schon allein der Anblick des
Gefängnisses und das fensterlose »Gemach für die geraub-
ten Mädchen«.

Das »Bayerische Meer«

Zurück in der Zivilisation, nähern wir uns dem romantisch
gelegenen Kloster Seeon: inmitten eines Moorsees auf
einer Halbinsel, illuminiert vom weiß-blauen bayerischen
Himmel. Die Fahrt geht weiter, durch sanft welliges, von
Hochmooren und Moor- und Waldseen durchsetztes
Hügelland ins mondäne Seebruck mit seinem Jachthafen
und den hübschen Badeanstalten.

Erst dann öffnet sich der größte bayerische See – der
Chiemsee. Gegensätze ziehen sich ja bekanntlich an, und

Tour 6

Tipp

Panoramablick auf der Winklmoosalm können Sie genießen, wenn Sie von Seegatterl aus die steile Mautstraße erklimmen. Skilifte oder die ganzjährige geöffnete Sesselbahn auf das Dürmbachhorn bringen Sie zur Bergstation. Wenige Meter zu Fuß bis zum Gipfelkreuz und schon eröffnet sich ein traumhafter Blick auf die mannigfaltigen Alpen-Winkel.

so liegt im größten See Bayerns wiederum die kleinste Gemeinde Bayerns, bestehend aus drei Inseln: Herreninsel, Fraueninsel und Krautinsel. Die Fraueninsel ist eine Rarität unter den bewohnten Inseln. Es ist das Eiland der Nonnen und Fischer und zugleich ältester Kulturboden Bayerns. Eine turbulente Schar von Künstlern mietete sich dort ein und manche blieben für immer dort. Davon zeugt der Friedhof, auf dem neben Fischern, Handwerkern und Wirtsleuten auch die »Zuagroasten« ihre ewige Ruhe gefunden haben. Als Verbeugung vor dem Sonnenkönig ist es wohl zu verstehen, dass unter der Regie von Ludwig II. eine seiner ehrgeizigsten und damit kostspieligsten Unternehmungen begann: Auf der Herreninsel sollte ein neues Versailles entstehen. Als jedoch 16 Mio. Goldmark ausgegeben waren ohne dass das Schloss fertiggestellt war, wurde die siebenjährige Bauzeit (1878–1885) beendet – dafür wohnte der König ganze neun Tage dort. Wir lassen das bayerische Meer zurück und stürzen uns in die hinreißende Atmosphäre von Reit im Winkl. Der Weitsee vor den Toren des Ortes versöhnt all jene, die immer noch nicht nach Kanada ausgewandert sind. Die Grasfelder flimmern rötlich neben kristallklaren Seegewässern vor dramatischer Bergkulisse. Reit im Winkl mit seinen bemalten Fassaden und den geschnitzten Holzbalkonen und ein weiteres Kurvenfeeling machen das Glück perfekt, das auf dem Weg nach Grassau förmlich explodiert – liegt doch der kleine Ort zwischen sepiafarbenem Moor und blau aufragenden Bergwänden eingebettet. Bilderbuchidylle, wohin das Auge schweift.

Seite 85:
Stiftskirche über
dem Tal der Alz

Eine Perspektive ganz anderer Art bietet die Deutsche Alpensegelflugschule in Unterwössen. Auch wenn die Vorstellung verlockend ist, lautlos wie ein Adler durch die Luft zu kreisen, so geben wir uns den Berggipfeln der Bayerischen und Tiroler Alpen lieber von unten aus hin. Denn dort im weiten Inntal liegt der Luftkurort Brannenburg, von dem eine Mautstraße (ca. 1,50 €) zu dem 70 Meter hohen Wasserfall des Tatzelwurms und zur gleichnamigen Ausflugsgaststätte führt. Ein weiterer Augenschmaus bietet das nahe Neubeuern, dessen malerische Kulisse auch von den Filmschaffenden geschätzt wird. Geschmückte Häuserfassaden, deren fröhlich-bunte Ornamente sich um Türen und Fenster ranken, erfüllen den Ort. Ein Festschmaus im Restaurant Heuberg bietet den gelungenen Abschluss, bevor es über Rosenheim nach Wasserburg zurückgeht.

INFORMATION

Tourismusverband Chiemgau
Ludwig-Thoma-Str. 2
83276 Traunstein
Tel. 0861/5 82 23 und 5 83 33
Fax 0861/6 42 95
info@chiemgau-tourismus.de
www.chiemgau-tourismus.de

Chiemsee Tourismus KG
Felden 10
83233 Bernau am Chiemsee
Tel. 08051/96 555 0
Fax 08051/6 10 97
info@chiemsee.de
www.chiemsee.de

UNTERKUNFT

Bad Aibling

Hotel St. Georg GmbH
Ghersburgstrasse 18
83043 Bad Aibling
Tel. 08061/497-0
Fax 08061/497-105
hotel@sanktgeorg.com
www.sanktgeorg.com
Ausgangspunkt für wunderschöne Bikertouren. Tourenvorschläge und Karten sind
Vorort kostenlos zur Verfügung.Kostenlose Tiefgarage
€€

Chieming

Unterwirt zu Chieming
83335 Chieming
Tel. 08664/98 46 0
Fax 08664/98 46 29
info@unterwirt-chieming.de
www.unterwirt-chieming.de
€€

Ebersberg

Hotel Klostersee
Am Priel 3
85560 Ebersberg
Tel. 08092/82 85 0

Fax 08092/82 85 50
hotel@klostersee-
ebersberg.de
www.klostersee-ebersberg.de
Auf Motorradfahrer bestens
eingerichtetes MotoRoute
Hotel.
€€

Reit im Winkel
Hambergers Posthotel
Kirchplatz 7
83242 Reit im Winkel
Tel. 08640/987 0
Fax 08640/84 48
info@hambergers-
posthotel.de
www.hambergers-posthotel.de
Garage 6 €
€

Hotel San Gabriele
Zellhornstr. 16
83026 Rosenheim
Tel. 08031/26 07 0
Fax 08031/26 07 40
info@hotel-sangabriele.de
www. Hotel-sangabriele.de
Design-Hotel vom Architekten
Rudolf Rechl
€€

Wasserburg
Hotel Fletzinger
Fletzingergasse 1
Tel. 08071/90 89 0
Fax 08071/90 89 177
www.hotel-fletzinger.de

Traditionshaus mit Biergarten,
zentrale Lage, DZ ab 60 €
€€

ESSEN & TRINKEN

Wasserburg-Attel
Gasthof Fischerstüberl
Attel-Elend 1
Tel. 08071/25 98
Fax 08071/511 35
info@fischerstüberl-attel.de
www.fischerstueberl-attel.de
Liegt unterhalb des Klosters
Attel.
Leichte Küche, Fischspezial-
itäten, orientalische und
vegetarische Gerichte, Wein
aus ökologischem Anbau; im
Hause: Bistro,
Wunderlampe.

SEHENSWERT

EFA-Autmobil-Museum
Amerang
Wasserburger Str. 38
Tel. 08075/8141
Fax 08075/15 49
info@efa-automuseum.de
www.efa-automuseum.de
Geöffnet täglich außer Montag
von 10 – 18 Uhr.

Erstes Imaginäres Museum
Bruckgasse 2
83512 Wasserburg
Tel. 08071/43 58
Ganzjährig geöffnet,

Eintritt ca. 2 €.
Gemäldesammlung in den
Räumen eines altes Spitals.

Skulpturenprojekt
Obing am See
25 Bildhauer stellen ihre Werke
auf einem Rundweg um den
Obinger See aus.
www.zuzuku.de
www.obing.de
Information: Tel. 08624/13 27

VERANSTALTUNGEN

Chiemsee-Schifffahrt
Ludwig Fessler
Seestraße 108
83209 Prien am Chiemsee
Tel. 08051/60 90
Fax 08051/62 94 3
info@chiemsee-schifffahrt.de
www.chiemsee-schifffahrt.de

Kloster Seeon
Kultur- und Bildungszentrum
Kloster Seeon.
In dieser Einrichtung des Be-
zirks Oberbayern werden un-
zählige und breit gefächerte
kulturelle Veranstaltungen angeboten. Die Angebote reichen
von Volksmusik über Konzerte
klassischer Musik bis hin zu
Jazzdarbietungen und Theater-
aufführungen, Mozartwoche zu
Ostern.
Information:
www.kloster-seeon.de

Roadbook 6 Chiemgauer Berge

Nr.	km	Position	Richtung	Information	Straße
15	180	Attel	←	weiterhin auf der B 15 nach Wasserburg – links abbiegen	B 15 / 7
14	173	Rott	←	geradeaus auf der B 15 Ri. Griesstätt/Attel	B 15 / 8
13	165	Rosenheim	⌐	nächste Abfahrt rechts auf die B 15 Ri. Rott	B 15 / 17
12	148	Rosenheim	⌐	Umgehung Rosenheim Ri. Rott – links abbiegen	St 2095 / 1
11	147	Neubeuern	⌐	Ri. Rohrdorf/Rosenheim – rechts abbiegen	St 2359 / 10
10	137	Frasdorf	⌐	über Achenmühle und Breiten nach Neubeuern – links abbiegen	St 2362 / 18,5
9	118,5	Bernau	⌐	links Ri. Aschau	St 2093 / 10

B 305 / 48		✳ ☒	geradeaus auf der B 305 bleiben Ri. Seegatterl/Bernau	⬏	**bei Ruhpolding**	108,5	8
St 2098 / 8,0			Ri. Ruhpolding – rechts abbiegen	⬎	**Siegsdorf**	60,5	7
B 306 / 6			durch Traunstein hindurch, dann rechts nach Siegsdorf	⬎	**Traunstein**	52,5	6
St 2095 / 16,0			auf der St 2095 bleiben – links abbiegen Ri. Chieming	⬑	**Seebruck**	46,5	5
St 2093 / 10			rechts über Seeon nach Seebruck	⬏	**Obing**	30,5	4
St 2094 / 9		☒	geradeaus nach Obing	←	**Amerang**	20,5	3
RO 36 / 8,5		☒	Ri. Amerang – links abbiegen	⬎	**Eiselfing**	11,5	2
St 2092 / 3		✳	Ri. Amerang – rechts abbiegen	⬏	**Wasserburg**	3	1

Salz und himmelnahe Felsen

TOUREN-CHECK

 3 Stunden   150 Kilometer

🏍 Der Watzmann wird keinem Biker zum Schicksal – im Gegenteil: es geht beschwingt und kraftvoll durchs Berchtesgardener Land.

Altötting liegt im Inn-Salzach-Tal. Geistliche und weltliche Fürsten wie auch die Frömmigkeit des Volkes haben – zusammen mit dem kaufmännischen Bürgerstolz – das Stadtbild geprägt. Und seit Jahr und Tag lockt eine kleine, rußgeschwärzte Muttergottesstatue die Pilger nach Altötting. Wesentlich weltlicher präsentiert sich dagegen die frühbajuwarische Siedlung **Burgkirchen an der Alz**. Gerade in den Ortsteilen Höresheim und Pirach hat sich die dörfliche Idylle konserviert, so dass man ganz relax im Hier und Jetzt die Schönheit des Alztales genießen kann. Dies taten bereits römische Kolonisten, die sich hier niederließen, um die Aulandschaft mit ihrer reichen Flora und Fauna recht nah bei sich zu haben.

Ramsau im Berchtesgadener Land

Tittmoning – Zankapfel im Dornröschenschlaf

Es geht weiter entlang der Salzach nach Tittmoning, einst ein umkämpfter Ort zwischen Bayern und Salzburg, denn Tittmoning war über Jahrhunderte hinweg Umschlagplatz für das Halleiner und Bad Reichenhaller Salz. Davon spürt man jedoch nichts mehr, wenn man heute durch das Ört-

chen schlendert. Verwunschene Gassen und eine romantische Burganlage geben Anlass zu der Vermutung, dass es wohl hier gewesen sein muss, wo Dornröschen geschlafen hat.

In der Barockstadt Altötting startet diese Tour.

Dagegen tummeln sich im nahen Leitgeringer See Karpfen, Aale und Hechte. Der See liegt anmutig auf einem Hochplateau, dessen Ufer mit Schilf bewachsen sind. Im

Tipp

»Mechanische Krippe« in Altötting. Hier sind ca. 130 handgeschnitzte Figuren nach alt-italienischen Vorlagen ausgestellt. Manche Figuren können sich bewegen und stellen Handlungen aus dem Alltagsleben um Christi Geburt nach. Kreszentiaheimstr. 18, Altötting, geöffnet täglich 9 – 17 Uhr.

Sommer bietet der kühle Laubwald Erfrischung für all jene, die sich ins kühle Nass werfen. Sanfte Hügelwellen begleiten uns bis nach Waging, vorbei am Tachinger und Waginger See. Beide Seen sind lediglich durch einen schmalen Endmoränenkamm voneinander getrennt. Die Moorhaltigkeit und die geringe Tiefe geben dem Waginger See eine wohlige Temperatur, so dass man bereits im Frühling ein Bad wärmstens empfehlen kann. Waging selbst ist eine gemütliche Perle mit Kirche, Mariensäule und urigen Wirtshäusern, die zum Aufenthalt einladen ebenso wie die vielen Campingplätze und Bootsstege am Tachinger See. Der nächste Ort – Petting – ist Ausgangspunkt für Wanderer, die sich ins größte zusammenhängende Moorgebiet Süddeutschlands, dem Schönramer Filz wagen wollen. Torfstecher sind mit etwas Glück noch bei ihrer Arbeit anzutreffen. Nur – in Motorradstiefeln sollte der Weg gut überlegt sein, denn auch bei gutem Wetter sind Gummistiefel für eine Moorwanderung immer noch das Passendere.

Watzmann – der sagenumwobene Schicksalsberg

Es geht beschwingt an Freilassing und Bad Reichenhall vorbei nach Berchtesgaden, das malerisch in einzigartiger Terrassenlage am Sonnenhang eines Talkessels liegt, umgeben von Felsgiganten, die Zähne zeigen wie der Watzmann, den u. a. der Liedermacher Wolfgang Ambros in einem Lied verewigt hat.

Es sprudeln noch klare Flüsslein.

Der sagenumwobene Schicksalsberg soll eine versteinerte Königsfamilie darstellen, die ihr schauerliches Los ihrem

Unterwegs im Berchtes-gadener Land

Familienoberhaupt zu verdanken hat, der die ganze Umgebung in Angst und Schrecken versetzt hat. So griffen eines Tages höhere Mächte ein, um seinem Unwesen Einhalt zu gebieten und ließen den König samt Frau und Kindern zu Felsgestein erstarren. Heute blickt er als ewiges Wahrzeichen hinab ins Berchtesgadener Land. Eine andere Sage berichtet, dass das Blut der verfluchten Königsfamilie zu einem See am Fuß des Bergmassivs zusammengeflossen sein soll. Das mag wohl niemand glauben angesichts des betörend smaragdgrünen Wassers des Königssees, das sich nahezu 190 Meter tief zwischen den

Felswänden des Watzmanns, des Hagengebirges und dem
Steinernen Meer absenkt.

Dem Himmel so nah

Die atemberaubende Schönheit dieses Winkels eröffnet
sich eigentlich nur von oben. Der Aufstieg ins Reich der
königlichen Aussicht ist aber mit Stiefeln, Rucksacktasche
usw. zu beschwerlich. Bietet sich nur die Fahrt mit der
Jennerbahn (Ortsteil Schönau-Königsee), die dafür knapp
30 Minuten benötigt. Der Lohn für die bequeme Fahrt ist
der prächtige Blick auf die steinernen Majestäten und den
Königssee mit St. Bartholomä, dem Kleinod des Alpen-
nationalparks.

Die Trennung fällt schwer, doch die Route bietet noch
weitere wuchtige Er-lebnisse. Wohlige Seufzer entfliegen
einem beim Anblick der Ramsauer Pfarrkirche: Ganz im
Einklang mit der Natur steht das Kircherl da über der
sprudelnden Ramsauer Ache und unter der Reiteralpe und
ist deshalb das Topmodell für Fotografen und Filmemacher.
Natürlich ist die Dorfstraße zur Kirche hin längst eine pul-
sierende Ader des Fremdenverkehrs. Trotzdem – die per-
fekte Inszenierung und die unwiderstehliche Ausstrahlung
dieser Komposition sollte man genießen. Ramsau ist fast
zu schön um wahr zu sein. Neben Hintersee und verwun-
schenem Zauberwald sind der leuchtende Blaueisgletscher
und die aufregende
Wimbachklamm weitere
Augenleckerlis, die
unerbittlich locken. Der Tag
endet perfekt mit kurven-
reicher Stecke nach
Schneizelreuth und Bad
Reichenhall.

Tipp

Erleben Sie das historische Salzbergwerk und seine
jahrhundertealte Geschichte. Die Führung durch
Bergknappen und die Fahrt mit der Grubenbahn über
lange Rutschen und durch dunkle Stollen werden Sie
so schnell nicht vergessen.
Öffnungszeiten Mai – Oktober, täglich 9 – 17 Uhr.
Information Tel. 08652/60 02 0, Fax 08652/60 02 60.

Tour 7

INFORMATION

**Arbeitsgemeinschaft
»Deutsche Alpenstraße« und
Ferienroute Alpen – Ostsee**
Nördl. Hauptstr. 1 – 3
83700 Rottach-Egern
Tel. 08022/9 27 37–0
Fax 08022/9 27 37–50
info@german-alpine-
road.com

**Fremdenverkehrs-
gemeinschaft
Inn-Salzach e.V.**
Kapellenplatz 2a
84503 Altötting
Tel. 08671/50 62 28
Fax 08671/8 58 58
info@inn-salzach.com
www.inn-salzach.com

UNTERKUNFT

Altötting
Hotel Zwölf Apostel
Kapuzinerstr. 3
84503 Altötting
Tel. 08671/9 69 60
Fax 08671/8 43 71
www.hotel-zwoelf-apostel.de
€€

Bad Reichenhall
**Bio-Nichtraucher-Hotel
Bad Reichenhall**
Tel. 08651-98 31-0
Fax 08651-98 31-11
Hotel-Hansi@t-online.de
www.hotel-hansi.de
Kostenfreien Parkplatz
€€

Bayerisch Gmain
Haus Amberger
Schillerstr. 5
83461 Bayerisch Gmain
Tel. 08651/98 65 0
Fax 08651/98 65 12

DZ ab 30 €
Sportangebote: z. B. Schluch-
tenschwimmen oder Rafting.
Für Motorradfahrer: Garage,
Trockenraum, Zeltplatz
€

Burghausen
Post Burghausen
Stadtplatz 39
84489 Burghausen
Tel. 08677/96 50
Fax 08677/96 56 66
Internet www.hotelpost.de
DZ ab 80 €
Das 500 Jahre alte Hotel Post
ist zugleich auch ein Museum.
Komfortable Zimmer
€€

Schönau
Alpenhof
Richard-Voss-Str. 30
83471 Schönau
Tel. 08652/60 20
Fax 08652/64 399
info@alpenhof.de
www.alpenhof.de
DZ ab 90 €
€€

Waging
Hotel Eichenhof
Angerpoint 1
83329 Waging am See
Tel. 08681/403 0
Fax 08681/403 25
hotel-eichenhof-waging@
t-online.de
www.hotel-eichenhof.de
Tennis, Golf, hauseigener
Badestrand, Tretboote usw
€€

ESSEN & TRINKEN

Berchtesgaden
Berggasthaus Vorderbrand

Vorderbrandstr. 91
83471 Berchtesgarden
Tel. 08652/2059
vorderbrand@t-online.de
www.berchtesgaden.com/
vorderbrand

Burghausen
Post Burghausen
Stadtplatz 39
84489 Burghausen
Tel. 08677/96 50
Fax 08677/96 56 66
www.hotelpost.de

SEHENSWERT

Altötting
Mechanische Krippe
Tel. 08671/66 53
www.mechanische-krippe-de

Nationalpark-Haus
Berchtesgaden
Franziskanerplatz 7
83471 Berchtesgaden
Tel. 08652/6 43 43
Fax 08652/6 94 34
info@nationalparkhaus.org
Öffnungszeiten: täglich, außer
Sonn- und Feiertag, 9 – 17 Uhr.

Nationalpark Schönau
Informationsstelle Königssee
(im ehem. Bahnhof Königssee)
Seestr. 17
83471 Schönau a. Königssee
Tel./Fax 08652/6 22 22
Öffnungszeiten:
Mai – Mitte Oktober täglich,
Sonn- und Feiertag 9 – 17 Uhr.

Salzbergwerk Berchtesgaden
Bergwerkstr. 83
83471 Berchtesgaden
Öffnungszeiten:
1. Mai – 15.Okt., täglich
9 – 17 Uhr (außer Feiertage)
Eintrittspreise: Erwachsene
ca. 12 €, Gruppen (ab 20 Pers.)

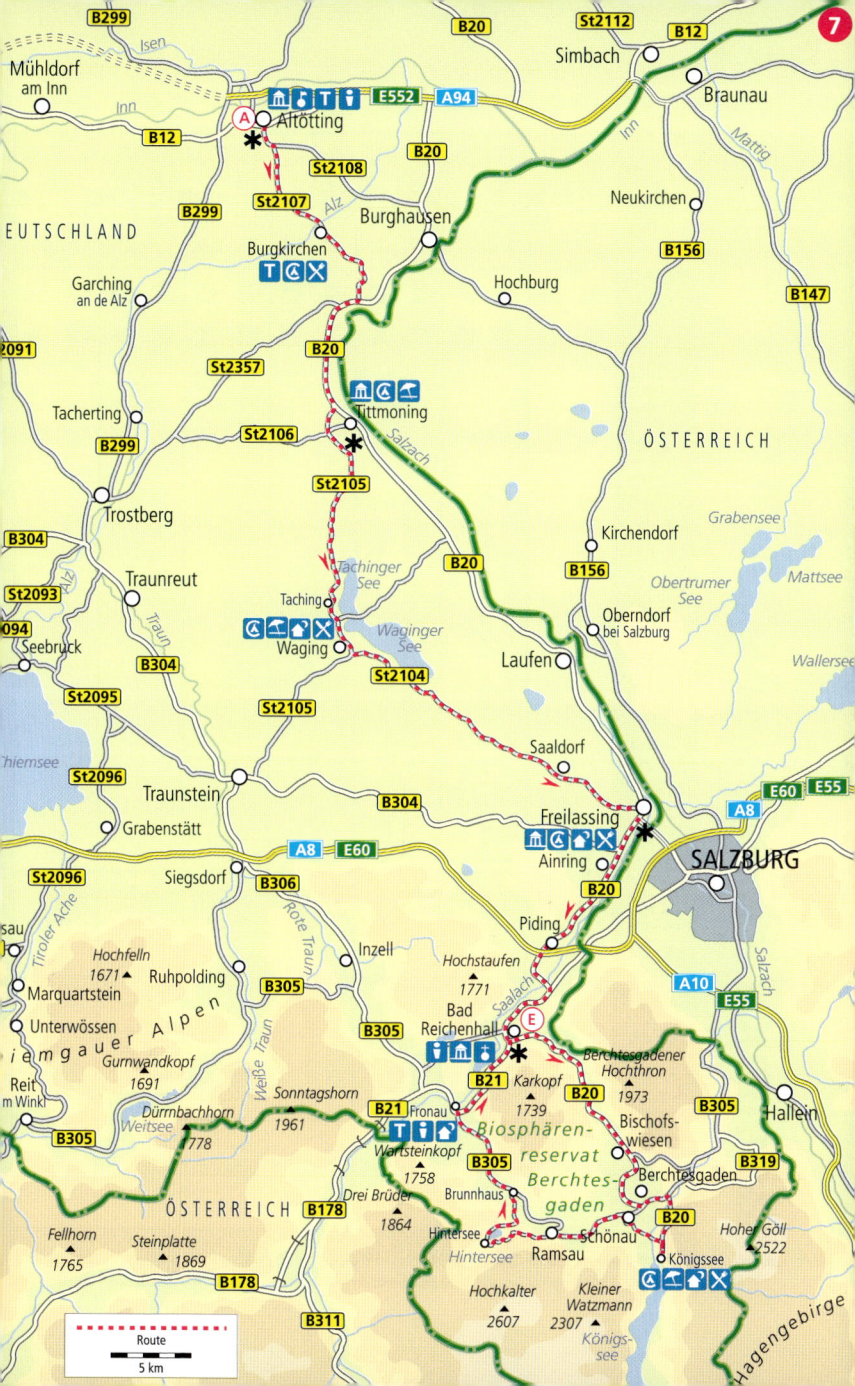

Roadbook 7 — Berchtesgadener Land

Tour 7

Nr.	km	Position	Richtung	Information	Route
9	150	Fronau	⬑	rechts Ri. Bad Reichenhall	B 21 / 8
8	142	Königssee	⬑	zurück zur B 305 und der Bundesstraße links in Richtung Ramsau/Fronau folgen. Schleife um den Hintersee auf der St 2099	B 305 / 27
7	115	Bad Reichenhall	⬑	links über Berchtesgaden in Richtung Königssee, immer der B 20 folgen	B 20 / 25
6	90	Freilassing	⬑	Ri. Piding/Bad Reichenhall – auf der B 20 bleiben	B 20 / 18
5	72	Waging	⬐	links abbiegen in Richtung Freilassing	St 2104 / 23
4	49	vor Tittmoning	⬑	rechts abbiegen Ri. Taching	St 2105 / 26,5
3	22,5	Burgkirchen	⬑	rechts abbiegen Ri. Tittmoningen/B 20	B 20 / 9,5

2	13	**Burgkirchen**	←	geradeaus durch Burgkirchen, weiterhin auf der St 2107	**St 2107** / 3
1	10	**Altötting**	⌐	Rf. Burgkirchen an der Alz – links abbiegen	**St 2107** / 10

ca. 10 €.

Informationen und Kartenvorverkauf: Salzberg-werk Berchtesgaden
Tel. 08652/60 02 20
Fax 08652/60 02 60
info@salzzeitreise.de
www.salzbergwerk-berchtesgaden.de

VERANSTALTUNGEN

Königsseeschifffahrt
Von Mitte Mai – September können am Königssee auch Ruderboote gemietet werden. Schiffsverkehr ganzjährig.
Auskunft:
Tel. 08652/96 36–18

Watzmann-Triathlon
Weiß-blauer Triathlon: Rund um den Watzmann mit Gleitschirmfliegen, Mountainbiken und »Under-ground Walking« (dreistündige Tour durch die alten Stollen des Salzbergwerks).
Kostenpunkt ca. 35 €.
Information:
Tel. 08652/94 84 50,
Peter Beierl,
Bavarian Adventure.

Pausenplatz am Hintersee

Die deutsche Hopfenstraße

 4 Stunden 196 Kilometer

 Flott geht es durchs Land. Für Rennsemmel finden sich immer wieder Teilstrecken, die man ausnutzen kann. Kurvenreiche Streckenabschnitte sind für jeden Geschmack dabei.

Wir verlassen Wasserburg frühmorgens, wenn der Tau noch auf den Blättern liegt und die Sonne sich gerade durch die Nebelschlieren, die über den Inn kriechen, durchkämpft. Jeder Schritt in den verwinkelten Gassen, die flankiert sind von alten Gemäuern stolzer Bürgerhäuser, bringt die Geschichte näher. Die romantische Landschaft um Wasserburg versüßt den Abschied ein klein wenig. Die Deutsche Ferienstraße Alpen – Ostsee führt durch sanftes Hügelland nach Haag in Oberbayern. Dort bleibt der Blick an einem wuchtigen 43 Meter hohen Bergfried hängen, mitten im schattigen Schachenwald. Hier ließen sich die raubeinigen Burgherren Hunigo de Haga oder Gurro de Hage nieder und starteten von dort ihre Eroberungszüge. Die Geschichte

Sonnenblumen statt Fels-panorama

103

kann heute im Museum zur Geschichte der Freien Grafschaft Haag erfahren werden, das in den Mauern der Burganlage beherbergt ist.

Auf der B 15 erreichen wir flotten Ganges einen hübschen, gefälligen Ort: St. Wolfgang, dessen gleichnamiger Kirchenbau hoch über der Straße thront. Der romanische Tuffsteinturm wird gekrönt von einem Spitzhelm. Was aber der Erwähnung bedarf, ist der Fels, der sich im Inneren befindet: Als roter Marmor wölbt er sich im Altarbereich aus dem Boden. Ihm werden wunderbare Heilkräfte nachgesagt, vor allem gegen Gliederschmerzen. Die Öffnung des Felsens ist vom vielen Durchschlüpfen menschlicher Leiber glatt poliert.

Malerische grüne Birkenalleen und das blaugrüne Nass der Isen kennzeichnen das Isental, in dem auch der Ort Dorfen liegt. Nach dem Willen einiger Politiker ist das wundersame Isental jedoch vom Ausbau der A 94 bedroht, und dann gibt es auch keine Schwammerl mehr zu suchen, die hier zuhauf zu finden sind und in den urbayerischen Gasthöfen, z.B. in Dorfen, verkostet werden. Die ehemals keltische Siedlung hat sich zum Mittelpunkt des Isentals entwickelt und überzeugt durch seinen bayerischen Charme, den vor allem der alte Kern ausstrahlt.

Landshuter Hochzeit

Die Wittelsbacher Herzogstadt Landshut nimmt uns in ihrer gotischen, arkadengeschmückten Altstadt auf. Malerisch liegt Landshut an der Isar und verbreitet italienisches Flair. Hier geht alle vier Jahre die Post ab, wenn die Stadt zum größten historischen Fest Deutschlands einlädt. Drei Wochen lang versetzt die »Landshuter Fürstenhochzeit von 1475« Einheimische und Gäste in einen Festtaumel. In der authentischen Kulisse der Altstadt unter der Burg Trausnitz

Maibäume haben einen festen Platz in der Dorfkultur.

kommt die mittelalterliche Atmosphäre voll zur Geltung. Über 2000 Mitwirkende schlüpfen in originalgetreue Kostüme und inszenieren ein prachtvolles Spektakel. Das riesige Fest erinnert an die Hochzeit der polnischen Königstochter Hedwig mit dem Landshuter Herzog Georg dem Reichen im Jahr 1475, zu der damals auch der mächtigste Mann des christlichen Abendlandes kam, Friedrich III. Die schaurig schöne Zeit des Mittelalters hat wohl ihren Charme, obwohl in dieser finsteren Zeit Hexenprozesse stattfanden, die Pest grassierte und die einfachen Leute

Maiskolben stehen Spalier.

unter ihrem Frondienst und den Fehden zwischen dem Adel litten. Landshut hat aber auch abseits dieses Festes Erlebniswert; die mittelalterlich-aristokratische Atmosphäre und attraktiven Veranstaltungen lohnen immer einen Besuch. Als Wahrzeichen gilt die Martinskirche mit dem höchsten Ziegelturm der Welt.

Bier und Barock

Die Seele dürstet, und so ist Mainburg, das Herz des deutschen Hopfenanbaugebiets Hallertau, ein idealer

Anziehungspunkt. Der Hopfen bestimmt im ehemaligen »Castrum Mainberchen« das Leben und Handeln der Menschen und reicht über die Stadtgrenzen hinaus. Durch die Amperaue und Zolling erreichen

Tipp

Museum zur Geschichte der Freien Grafschaft Haag bietet Ihnen die schauerlichen Geschichten ehemaliger Burgherren im Schlossturm live an. Geöffnet Pfingsten – Oktober, 13–17 Uhr, Internet www.museum-haag.de.

wir Haag an der Amper. Die Haager lassen manchmal die Sau raus bei einem damischen Rennen, das von einer Brauerei organisiert wird und die Mannsbilder dazu animiert, sich auf der Schlossallee in Haag an der Amper einer wilden Sau anzuvertrauen. Wer sich am längsten an die Sau klammert und dabei auch noch den längsten Weg zurücklegt, hat gewonnen. Alle anderen haben Schwein gehabt, wenn sie mit ein paar wenigen Blessuren davon gekommen sind und können sich mit einer Maß Bier trösten. Mitten im Ortskern, gegenüber dem Dorfplatz, liegt einer der schönsten Biergärten Bayerns: die Schlossallee.

Falls der Besuch der Schlossallee zu Müdigkeit und Abgeschlafftheit führt, empfiehlt sich ein Besuch in der Therme Erding, die die Südsee nach Bayern gebracht hat. Im Sommer genießt man karibisches Flair »Open Air«, im Winter wird die riesengroße Kuppel geschlossen. Die altbayerische Herzogstadt Erding liegt in der hügeligen Landschaft um Wartenberg und Isental und hat einiges zu bieten. Die ehemalige Gerichtschreiberstadt ist reich an imposanten und attraktiven Bauten wie z.B. der Schöne Turm, verziert mit einer barocken Haube, oder die gotische Kirche St. Johann. Bevor wir München erreichen, rauschen wir an Ismaning vorbei; zur Vesper könnte man hier im schönen Biergarten des »Gasthofes zur Mühle« halten.

Wunderschöne Stadt Haag

INFORMATION

Fremdenverkehrsamt Erding
Landshuter Straße 12
85435 Erding
Tel. 08122/55 84 88
Fax 08122/55 84 89
www.erding-tourist.de

Fremdenverkehrsverein ED e.V.
Landshuterstr. 1
85432 Erding
Tel. 08122/40 80

UNTERKUNFT

Freising

Hotel Lerner
Vöttinger Straße 60
85354 Freising
Tel. 08161/91 646
Fax 08161/41 404
info@hotel-lerner.de
www.hotel-lerner.de
 €

Landshut

Hotel Landshuter Hof
Löschenbrandstrasse 23
84032 Landshut
Tel. 0871/9 62 72-0
Fax 0871/9 62 72-37
info@landshuter-hof.de
www.landshuter-hof.de
 €€

Mainburg

Gasthof Seidlbräu
Liebfrauenstr. 3
84048 Mainburg
Tel. 08751/8 62 90
Fax 08751/40 00
info@seidlbraeu.de
www.seidlbraeu.de
 €€

Obertaufkirchen

Gasthof Hundschell

Annabrunn 4
84419 Obertaufkirchen
Tel. 08082/18 47
DZ ab 30 €
Mit Freibad. Für Motorradfahrer: überdachte Stellplätze, Trockenraum, Zeltplätze.
 €

Wasserburg

Gasthaus Huberwirt
Salzburger Str. 25
83512 Wasserburg
Tel. 08071/74 33
Fax 08071/5 09 28
Huberwirt.am.Kellerberg@t-online.de
www.huberwirtamkellerberg.de
DZ ab 30€
Mit Restaurant und Kegelbahn.
 €

ESSEN & TRINKEN

Landshut

Gasthof Goldene Sonne
Neustadt 520
84028 Landshut
Tel. 0871/92 53
Fax 0871/9 25 33 50
info@goldenesonne.de
www.goldenesonne.de
Die Goldene Sonne ist eines der ältesten Gasthäuser in Landshut. Franz Josef Strauß war auch schon dort. Spezialität des Hauses: Tauben.

SEHENSWERT

Therme Erding
Thermenallee 1
85435 Erding
Tel. 08122/22 99 22
Fax 08122/22 99 29
willkommen@therme-erding.de
www.therme-erding.de

Museum zur Geschichte der Freien Grafschaft Haag
Geöffnet Pfingsten – Oktober, 13 – 17 Uhr.
www.museum-haag.de

VERANSTALTUNGEN

Erdinger Herbstfest
Wenn das Oktoberfest in München beginnt, haben die Erdinger ihr Herbstfest längst gefeiert. Jedes Jahr zum Ausklang des Sommers heißt es in der letzten Augustwoche »O'zapft is«!

EINKAUFEN

Bauernmarkt
Jeweils freitags, ganzjährig im Forsterstadl, Flutkanal 1b.
Öffnungszeiten: 12 – 16 Uhr.

Dorfen
An den Marktsonntagen folgender Märkte haben auch die Geschäfte im Innenstadtbereich geöffnet: Mittefastenmarkt, Grasmarkt, Gallimarkt und Martinimarkt Marktbeginn: jeweils 8 Uhr, Marktende: im Sommer 18 Uhr, im Winter 17 Uhr.

Mainburg
Märkte (jeweils mit verkaufsoffenem Sonntag):
Fastenmarkt am zweiten Sonntag während der Fastenzeit, Eisenmarkt am vierten Sonntag nach Ostern, Kirschmarkt (mit Hopfenfest) am zweiten Sonntag im Juli, Gallimarkt (mit Volksfest) am zweiten Sonntag im Oktober und dem darauf folgenden Montag.

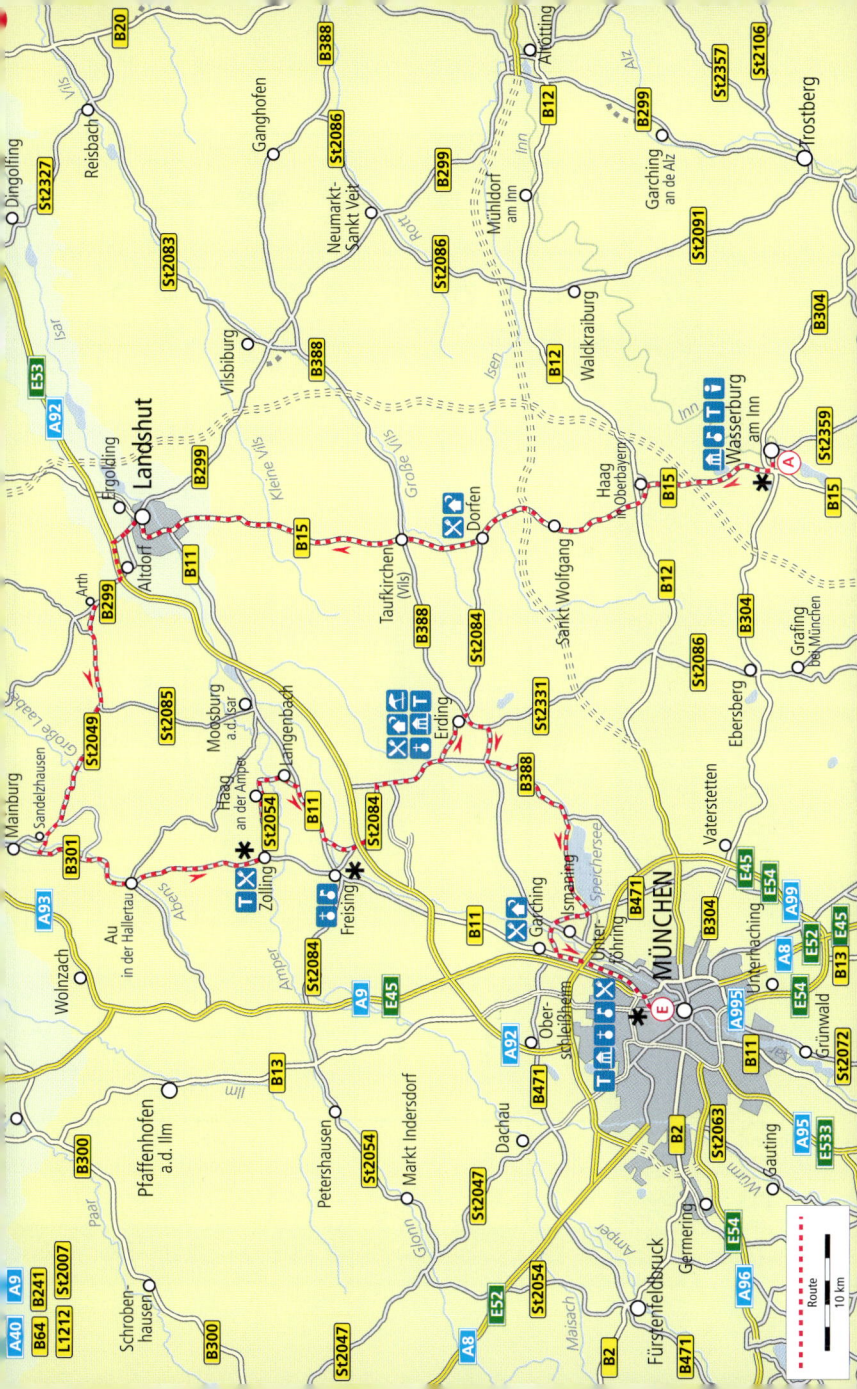

Tour 8

Roadbook 8 — Isental und Hallertau

Nr.	km	Position	Richtung	Information		
16	195,5	**Unterföhring**	←	weiter auf der Oberföhringer Straße in Richtung München–Innenstadt	B 11 / 9	🚲 🏨 🚌🚻 *❌❌
15	186,5	**Garching**	⌐	links abbiegen und auf der Freisinger Landstraße bleiben	B 11 / 4	❌ P 🅿️
14	182,5	**vor Ismaning**	⌐	rechts auf die B 471 Richtung Garching	B 471 / 3	
13	179,5	**Erding**	⌐	rechts Ri. Moosinning/Ismaning	B 388 / 21,5	🚲 🏨 🚻 🚌 ❌
12	158	**Auffahrt A 92**	←	geradeaus der St 2084 Ri. Erding folgen	St 2084 / 16	
11	142	**Langenbach**	⌐	rechts auf die B 11 Richtung Freising bis zur A 92	B 11 / 10	🚌 🅿️ *
10	132	**hinter Haag**	⌐	rechts nach Langenbach	3,5	

Nr.	km	Ort		Hinweis	Straße
9	128,5	**Zolling**		links Richtung Haag a. d. Amper	St 2045 / 6,0
8	122,5	**Au**		links der B 301 folgen	B 301 / 13
7	109,5	**vor Mainburg**		links abbiegen	B 301 / 10
6	99,5	**Arth**		in Arth die B 299 verlassen, links auf die St 2049 abbiegen in Richtung Mainburg	St 2049 / 23
5	76,5	**Landshut**		in Landshut auf der B 15 bleiben, dann links auf die B 299 in Richtung Altdorf	B 299 / 10,5
4	66	**Taufkirchen**		weiterhin geradeaus auf der B 15	B 15 / 25
3	41	**Dorfen**		geradeaus Ri. Taufkirchen	B 15 / 10
2	31	**Haag i. Ob**		links abbiegen Ri. Dorfen auf der B 12 bleiben	B 12 / 16
1	15	**Wasserburg**		geradeaus Ri. Haag i. Ob.	B 15 / 15

Wälder und malerische Winkel

TOUREN-CHECK

 3 Stunden 🏍 141 Kilometer

🏍 Kurztrips in den Bayerischen Wald lohnen sich. Der Wald lockt mit wunderbar einsamen und gut ausgebauten Straßen. »Rennsemmeln« und Genuss-Tourer – im Wald gibt's für jeden Geschmack etwas. Nur, auf den Bundesstraßen kontrolliert die Polizei gerne ...

Die mittelalterliche Stadt Regensburg bietet eine reiche Schau an malerischen Winkeln und romantischen Plätzen. Nach den Kelten gründeten 179 n.Chr. die Römer ihr Lager Castra Regina. Beim Gang durch die mittelalterlichen Gassen wird diese Zeit wieder lebendig. Hoch ragen die Türme der enormen Hausburgen in den Himmel und konkurrieren mit den imposanten Turmhelmen des Domes.

Romantisches Regensburg mit kulturellen Highlights

Die historische Altstadt beherbergt einen der ältesten und traditionsreichsten Plätze von Regensburg – den Haidplatz. Er hat seinen Ursprung in einer lang gestreckten dreieckigen

Aussicht vom Großen Arber

115

In Passau am Donaustrand

Wiese westlich vom ehemaligen Römerkastell. Seit Jahr und Tag feiern die Regensburger hier rauschende und spektakuläre Feste. In vergangenen Zeiten waren es Ritterspiele, heute finden ein Jazzfestival oder sommerliche Feste statt. Während des Jahres bieten Kunsthandwerker ihre Schätze feil und der Regensburger Kultursommer schließlich tut ein Übriges, den Haidplatz zur Flaniermeile Regensburgs zu machen.

Zur Erholung vom vielen Schauen kann man sich in der Historischen Wurstkuchl an der Steinernen Brücke stärken oder im Biergarten des Bischofshofs erfrischen. Hier im Biergarten ist eine Darstellung des Fuchses zu sehen, der als Pfarrer verkleidet ist und so lange den Gänsen predigt, bis diese einschlafen und er sich in Ruhe die fetteste Gans zum Verspeisen aussuchen kann. Der Rast in mediterraner Atmosphäre folgt sportliche Aktivität. Zumindest dann, wenn man die 358 Stufen zur Walhalla hochsteigt, die sich hinter Donaustauf über dem linken Donauufer erhebt. Der Marmortempel wurde im Auftrag König Ludwigs I. nach dem Vorbild des Pantheon in Athen erbaut. Im Innern sind Büsten zur Ehre bedeutender deutscher Persönlichkeiten aufgestellt. Nicht ganz so anstrengend ist der Besuch des nahen Benediktinerklosters von Metten, dessen Klosterkirche mit ihren weithin bekannten Malereien für Kulturreisende ein Muss ist. Doch noch vor Metten erwartet uns geschichtsträchtiger Boden bei Straubing.

Seite 116: Hexenhäuschen im Regental

Wasserspiele im wieder recht sauberen Donauwasser

Keltisch-bajuwarisches Straubing

Das beschauliche Land und die stimmungsvolle Donau führen uns leicht beschwingt nach Straubing, die Herzogstadt mit wechselvoller Geschichte, die mitten im fruchtbaren Gäuboden liegt, der ebenso geschichtsträchtig ist. Straubing wurde bereits vor 1100 Jahren erstmals urkundlich erwähnt, doch die Spuren reichen weit bis ins 6. Jahrhundert v.Chr. zurück. Beeindruckende Bauten und der be-

rühmte Römerschatz im Gäubodenmuseum dokumentieren dies vortrefflich.

Alle vier Jahre werden im Hof des Herzogschlosses die Agnes-Bernauer-Festspiele aufgeführt. Ein schaurig-schönes Volksspiel erinnert an die tragische Liebesgeschichte der Augsburger Badertochter, die 1435 als nicht genehme Schwiegertochter vom herzoglichen Schwiegervater als Zauberin verurteilt und in der Donau ertränkt wurde.

Kultur hat auch in Straubing Tradition und so findet neben zahlreichen Konzerten und zünftigen Bauerntheatervorstellungen alljährlich im August die fünfte Jahreszeit

statt: das Gäubodenvolksfest. Es ist das zweitgrößte Volksfest in Bayern, mit sieben Festzelten und einem großen Vergnügungspark.

Das gläserne Herz Ostbayerns

Einsame Straßen ins Nirgendwo

Durch die Kornkammer Bayerns, den Gäuboden, geht es nach Deggendorf, eine Stadt, die eingebettet liegt inmitten des schattigen Grüns des Bayerischen Waldes. In

dem riesigen Waldgebirge leben die Menschen von der Forst- und Holzwirtschaft sowie von der Glas-industrie. Im nahen Zwiesel ist das Zentrum der Glasproduktion. Clever wie Touristenmanager nun einmal sind, kann man auf einer der jüngsten Ferienstraßen – der Glasstraße – das gläserne Herz der Region um Zwiesel und Regen und die produzierenden Glashütten besichtigen. Heiß und zäh wie Honig fließt die Glasmasse von der Glasmacherpfeife in die vorbereiteten Holzmodel und verwandelt sich dank der Kunstfertigkeit der Glasmacher in filigrane gläserne Kostbarkeiten.

So wie Glas die Region um Zwiesel bestimmt, so bestimmt Wasser die Stadt Deggendorf. Die »Pforte zum Bayerischen Wald«, wie die Stadt genannt wird, ist einmalig durch ihre Höhenlage, ihre Sehenswürdigkeiten und Naturerscheinungen. Die hier noch frei fließende Donau und die Ufer der Isar tragen mit ihrer Flora und Fauna viel dazu bei. Einen traumhaften Blick auf die Donau, die Vorberge des Bayerischen Waldes und bei schönem Wetter auch auf den Watzmann bietet ein Ausflug auf den Geiersberg. Nebenbei verspricht die dortige Kneipp-anlage Erholung für den geschundenen Leib. Ganz anderer Art beflügelt der Wundertrank des Mittelalters – der Bärwurz.

Wir bleiben dem nassen Element treu und nähern uns der Dreiflüssestadt Passau, dessen einzigartige Lage und die damit verbundene Berühmtheit einem Ausnahmefall der Natur zu verdanken ist: Aus drei Himmelsrichtungen kommen Flüsse an: aus dem Norden die Ilz, aus dem Westen die Donau und aus dem Süden der Inn. Genau in Passau treffen sie aufeinander und fließen vereint in die vierte Himmels-richtung, nach Osten, weiter.

TIPP

Eckert Bärwurz: Die älteste Bärwurz-destille zeigt die Herstellung des würzig-milden Wurzelgeistes: Öffnungszeiten Mo – Fr 9 – 12 Uhr, 13.30 – 18 Uhr.

INFORMATION

Landratsamt Kelheim
Donaupark 13
93309 Kelheim
Tel. 09441/6 83 40
Fax 09441/68 34 10
info@tourismus-landkreis-kelheim.de
www.tourismus-landkreis-kelheim.de

Tourist-Information Amberg
Zeughausstr. 1 a
92224 Amberg
Tel. 09621/10–2 39
Fax 09621/10–8 63
tourismus@amberg.de

Tourismusverband Ostbayern e.V.
Luitpoldstr. 20
93047 Regensburg
Tel. 0941/58 53 90
Fax 0941/5 85 39 39
info@ostbayern-tourismus.de
www.ostbayern-tourismus.de

UNTERKUNFT

Deggendorf
Hotel Höttl
Luitpoldplatz 22
944469 Deggendorf
Tel. 0991/3 71 99 60
Fax: 0991/3 71 99 61 99
hotel@hoettl.de
www.hoettl.de
Abgeschlossener Stellplatz
3 Euro
€

Donaustauf
Landgasthof Hammermühle
Thiergartenstrasse 1
93093 Donaustauf
Tel. 09403/9 68 40
Fax 09403/9 68 41 00

hammermuehle-donau-stauf@t-online.de
www.hammermuehle-donaustauf.de
€€

Passau
Altstadt-Hotel
Bräugasse 23–29
94032 Passau
Tel. 0851/33 70
Fax 0851/33 71 00
www.altstadt-hotel.de
DZ ab 50 €
€

Regensburg
Hotel Orphee
Untere Bachgasse 8
93047 Regensburg
Tel. 0941/59 60 20
Fax 09 41/59 60 22 22
www.hotel-orphee.de
DZ ab 60 €
€

ESSEN & TRINKEN

Regensburg
Brauerei-Gaststätte Kneitinger
Arnulfsplatz 3
93047 Regensburg
Tel. 0941/5 24 55
Fax 0941/5 99 99 82
info@knei.de
www.knei.de

SEHENSWERT

Befreiungshalle Kehlheim
Befreiungshallestr. 3
93309 Kelheim
Tel. 09441/68 20 70
Fax 09441/68 20 77
www.schloesser.bayern.de
Öffnungszeiten:

April–September, 9–18 Uhr,
donnerstags bis 20 Uhr,
Oktober–März,
täglich 10–16 Uhr
Geschlossen: Faschingsdiens-
tag, 24.12. und 25.12.
Eintrittspreise: ca. 3 €

Weinfurtner Glasdorf
Zellertalstraße 13
93471 Arnbruck
Tel. 09945/9 41 10
Fax 09945/4 44
info@weinfurtner.de
www.weinfurtner.de
Im Bayerischen Wald zwischen
Kötzting und Bodenmais liegt
der Ort Arnbruck. Hier ist das
Weinfurtner Glasdorf mit Ver-
kaufsräumen und Ausstellun-
gen, der Galerie Kunst & Form
und zwei Gastronomiebe-
trieben.
Öffnungszeiten:
Mo–Fr 9–18 Uhr, Sa 9–16 Uhr

VERANSTALTUNGEN

Schifffahrten auf der Donau
Regensburger Personenschiff-
fahrt Klinger GmbH
Werftstr. 8
93059 Regensburg
Tel. 0941/5 53 59
Fax 0941/56 56 68
Klingerschiff@aol.com
www.schifffahrtklinger.de

Regensburg
Wiederkehrende
Veranstaltungen:
Tel. 0941/5 07–44 10

Stadt-Marathon Regensburg:
Sonntag nach Christi Himmel-
fahrt (Mai)

Frühjahrsdult (Pfingsten)/
Herbstdult (Ende August);

Roadbook 9 Bayerischer Wald

Nr.	km	Position	Richtung	Information	Straße
8	140,5	**Passau**		rechts halten – das letzte Stück nach Passau hinein auf die B 85	B 85 / 2
7	138,5	**Hengersberg**		ein kurzes Stück über B533, dann wieder auf der St 2125 Richtung Passau	St 2125 / 38
6	100,5	**Deggendorf**		weiterhin der St 2125 folgen	St 2125 / 10,5
5	90	**Bogen**		auf der St 2125 bleiben	St 2125 / 29
4	61	**Straubing**		links abbiegen	St 2125 / 11
3	50	**Donaustauf**		auf der St 2125 bleiben	St 2125 / 38
2	12	**Barbing**		links abbiegen Ri. Donaustauf/Reiflding	St 2145 / 3,5

rechts abbiegen

Regensburg

8,5

1

Dauer jeweils 14 Tage – Dultplatz/Oberpfalzbrücke.

Bürgerfest im zweijährigen Turnus Juni/Juli (nächster Termin 2009).

Bayerisches Jazz-Weekend im Juni/Juli in der Altstadt.

Musikfestival im Villapark, vor den Sommerferien. Konzerte mit ausgewählten Gruppen (Rock- und Folkmusik).

Regensburger Kurzfilmwoche im Leeren Beutel, alljährlich im November.

Christkindl-Markt, alljährlich am Neupfarrplatz (Nähe Dom St. Peter).
Eröffnung jeweils am Freitag vor dem 1. Advent 17 Uhr, bis 23. Dezember.

Weihnachtsmarkt der Kunsthandwerker, Anfang Dezember bis 23. Dezember; Haidplatz.

Weihnachtskonzerte der Regensburger Domspatzen; Auditorium maximum, Universität.

Enge Täler und weite Höhen

TOUREN-CHECK

🕐 5 Stunden 🏍 233 Kilometer

🏍 Bayerischer Grand Canyon und Höhen bieten kurvige Straßen, die manchmal eng werden und zur Vorsicht mahnen. Insgesamt aber gute Straßenführung und -belag, der zügiges Fahren erlaubt.

Die Tour beginnt am Rand des Nördlinger Ries, in Harburg. Überall in der Stadt finden sich stille, verträumte Winkel mit reich verzierten Fachwerksfassaden, die uns in vergangene Zeiten zurückversetzen. Nicht zu Unrecht sind die Harburger stolz auf ihr »Kleinod der Romantik«. Die Harburg, steinerne Namensgeberin, ist eine der besterhaltenen Burgen Deutschlands, deren Entstehung auf das 12. Jahrhundert zurückgeht. Die betagte, aus Steinen zusammengefügte Brücke, die über die Wörnitz führt, macht das Bild perfekt.

Das Nördlinger Ries

Das Ries ist ein Unikat, dessen geologische Formation durch den Einschlag eines riesigen Meteoriten vor ca. 15 Mio. Jahren entstanden sein soll.

Brücke über die Altmühl

127

Tour 10

Mit unvorstellbarer Gewalt verursachte der Meteorit ein prähistorisches Inferno, das zunächst Flora und Fauna vernichtete. Zugleich entstand ein enormer See, dessen Verlandung den Menschen fruchtbares Ackerland schenkte. Heute ist das Ries ein Eldorado für Hobbygeologen und Botaniker. Selbst die NASA sandte ihre Besatzungen zur Vorbereitung in die außerirdische Schönheit dieser Landschaft.

Am Kraterrand

Die bombastische Harburg, die Michael Jackson vor einiger Zeit kaufen wollte.

Zwischen zwei Welten liegt die malerische Ortschaft Wemding: Zum einen befindet sich hier die flache Ebene des Ries und zum anderen die reiche Mittelgebirgslandschaft des fränkischen Jura im Naturpark Altmühltal. Diese mittelalterliche Ortschaft verfügt über liebevoll re-

staurierte Wehr- und Tortürme,
am Marktplatz beherrschen die
imposanten Bürgerhäuser mit
ihren Giebeln den Blick. Aber auch
die beschauliche Bilderbuchland-
schaft des Altmühltals, die sich
von Gunzenhausen im Westen bis
Kelheim im Osten ausbreitet,
lockt.

TIPP

Erfahren Sie mehr über das Ries und
besuchen Sie das Nördlinger Ries Krater-
museum, in dem auch ein Brocken Mondge-
stein zu besichtigen ist.
Hintere Gerbergasse 3
86720 Nördlingen
Tel. 09081/2 73 82 20.
Öffnungszeiten: Di – So 10 – 12 Uhr und
13.30 – 16.30 Uhr.

Weite Bauernlandschaft und Jurafelsen

Gunzenhausen hat sich in den letzten Jahren zur »Metro-
pole« entwickelt, was allein die Lage zwischen Altmühlsee
und Brombachtalsperre bewirkte. Die weite Landschaft und
die sichtbare Geschichte im Stadtkern vereinen sich hier

vortrefflich. Doch die Geschichte ist
hier nicht nur sichtbar, sondern auch
erlebbar. Wer Lust hat, auf den
Spuren der Römer zu wandeln, tourt
über die Deutsche Limesstraße, die
bei Aalen beginnt und über Gunzenhausen, Weißenburg, Eichstätt bis
zum Ende des berühmten Grenzwalls
nach Eining an der Donau und nach
Regensburg führt.
Es gibt wenig, was den Blick vom
gemächlichen Fahren ablenkt.
Fichtenwälder und einzelne Büsche,
sorgsam in die Ebene gesetzt, lassen
den Blick schweifen. Erst bei
Treuchtlingen ruft der Karlsgraben
nach Aufmerksamkeit. Karl der
Große hatte 793 das Wagnis ver-

sucht, die Flüsse Altmühl und Rezat durch einen Graben zu verbinden. Damit wäre es möglich gewesen, eine Verbindung zwischen Rhein und Donau herzustellen, so dass man von der Nordsee bis zum Schwarzen Meer hätte gelangen können. Doch das Unterfangen war zu gewaltig und wurde nicht vollendet. Abenteuer anderer Art suchen heute Kletterer, die bei Eichstätt die steilen Wände der Jurafelsen bezwingen wollen. Da loben wir uns die Bodenhaftung von zwei Reifen, die uns über schmale Straßen durch Heidelandschaften führen.

Die »Dietfurter Chinesen«

Zwischen sieben Juratälern liegt Dietfurt, durch dessen Straßen und Gassen zur Faschingszeit der Ruf »Kiliwau« ertönt, statt Helau oder Alaaf. Eine chinesische Nationalhymne wurde geschrieben und jedes Jahr feiern die Dietfurter einen chinesischen Nationalfeiertag und obendrein steht noch ein Chinesenbrunnen vor dem Rathaus. Niemand weiß genau, wie lange Dietfurt den Beinamen China trägt, doch bereits im »Kalender für katholische Christen auf das Schaltjahr 1860« wurden die Dietfurter als solche bezeichnet. Die Dietfurter nehmen den Beinamen gelassen, schließlich stand die chinesische Kultur in ihrer Blüte, als Europa noch von Sumpf und Wäldern bedeckt war und die Menschen mitsamt ihrem Vieh in unwirtlichen Behausungen lebten.

Der bayerische Grand Canyon

Auf kurvigen Straßen geht es an der Altmühl entlang. Burganlagen drängen sich ins Bild. Einen Glanzpunkt setzt hier die Burg Prunn bei Riedenburg, die modellhaft für Ritterburgen imposant auf 70 Metern Höhe steht. Wahrzeichen ist jedoch der mächtige Bau der Rosenburg,

Bizarre
Jurafelsen

Auch in der Juralandschaft gibt's wunderbare Aussichten.

in der heute der Falkenhof mit Burg- und Falkenmuseum untergebracht ist. Als malerische Ruinen grüßen die Burgen Rabenstein und Tachenstein hinunter nach Riedenburg, das sich beiderseits der Altmühl ausstreckt. Weithin sichtbar, auf dem Michelsberg, steht das Wahrzeichen Kelheims: die Befreiungshalle, die Ludwig I. als Monumentaltempel errichten ließ als »Andenken an die Befreier Deutschlands aus dem napoleonischen Joch ...«.

Kelheim ist ideal als Ausgangspunkt für Ausflüge: zu Fuß zum »Klösterl« oder zur Befreiungshalle und per Schiff auf dem Main-Donau-Kanal ins Altmühltal. Im nahen

TIPP

Schifffahrt im Altmühltal. Von April bis September ist ein Linienverkehr von Kelheim über Riedenburg nach Beilngies eingerichtet und lädt dazu ein, die Seele baumeln zu lassen.
Informationen: Ausflugsschifffahrt GmbH, Postfach 1111, 9 33 01 Kelheim, Tel. 09441/24 87, Fax 09441/2 16 99.

Essing überquert die längste Holzbrücke Europas den Altmühlkanal. Die 193 Meter lange Holzspannbrücke, bei der 90 Prozent der Last von der Spannung der ungewöhnlichen Konstruktion getragen wird, wurde 1987 gebaut und ist für jeden Altmühltal-Touristen eine Attraktion.

INFORMATION

**Informationszentrum
Altmühltal**
Notre Dame 1
85072 Eichstätt
Tel. 08421/9 87 60
Fax 08421/98 76 54

UNTERKUNFT

Beilngries
Campingplatz an der Altmühl
92339 Beilngries
Tel. 08461/84 06
Fax 08461/60 29 64
info@campingplatz-
beilngries.de
www.campingplatz-
belngries.de
Ab ca 10 Euro pro Nacht
2 Euro Motorrad Stellplatz
€€

Eichstätt
Hotel Adler
Marktplatz 22–24
Tel. 08421/67 67

Fax 08421//82 83
adler.stigler@t-online.de
www.adler-eichstaett.de
DZ ab 40 €
€€

Gunzenhausen
Hotel Krone
Nürnebergerstr. 7
91710 Gunzenhausen
Tel. 09831/88 33 95
Fax 09831/88 33 97
info@hotel-krone.info
www.hotel-krone.info
Eigene Parkplätze
€

Indian Camp
White Eagle's Indian Camp
Ulli Wimmer
Von Pechmannstr. 1
92339 Beilngries
Tel. 08461/60 53 53
Fax 08461/60 53 54

Regensburg
Gasthof Dechbettener Hof
Dechbetten 11

93051 Regensburg
Tel. 0941/3 52 83
Fax 0941/3 07 40 30
www.dechbettener-hof.de
€€

ESSEN & TRINKEN

Riedenburg
Burgkeller
Schloßweg 7
93339 Riedenburg
Tel. 09442/25 97
Fax 09442/25 07
anfrage@ritteressen-
riedenburg.de
www.ritteressen-
riedenburg.de
Mittelalterliches Ambiente,
Ritteressen.

*Pause auf der mächtigen
Willibaldsburg*

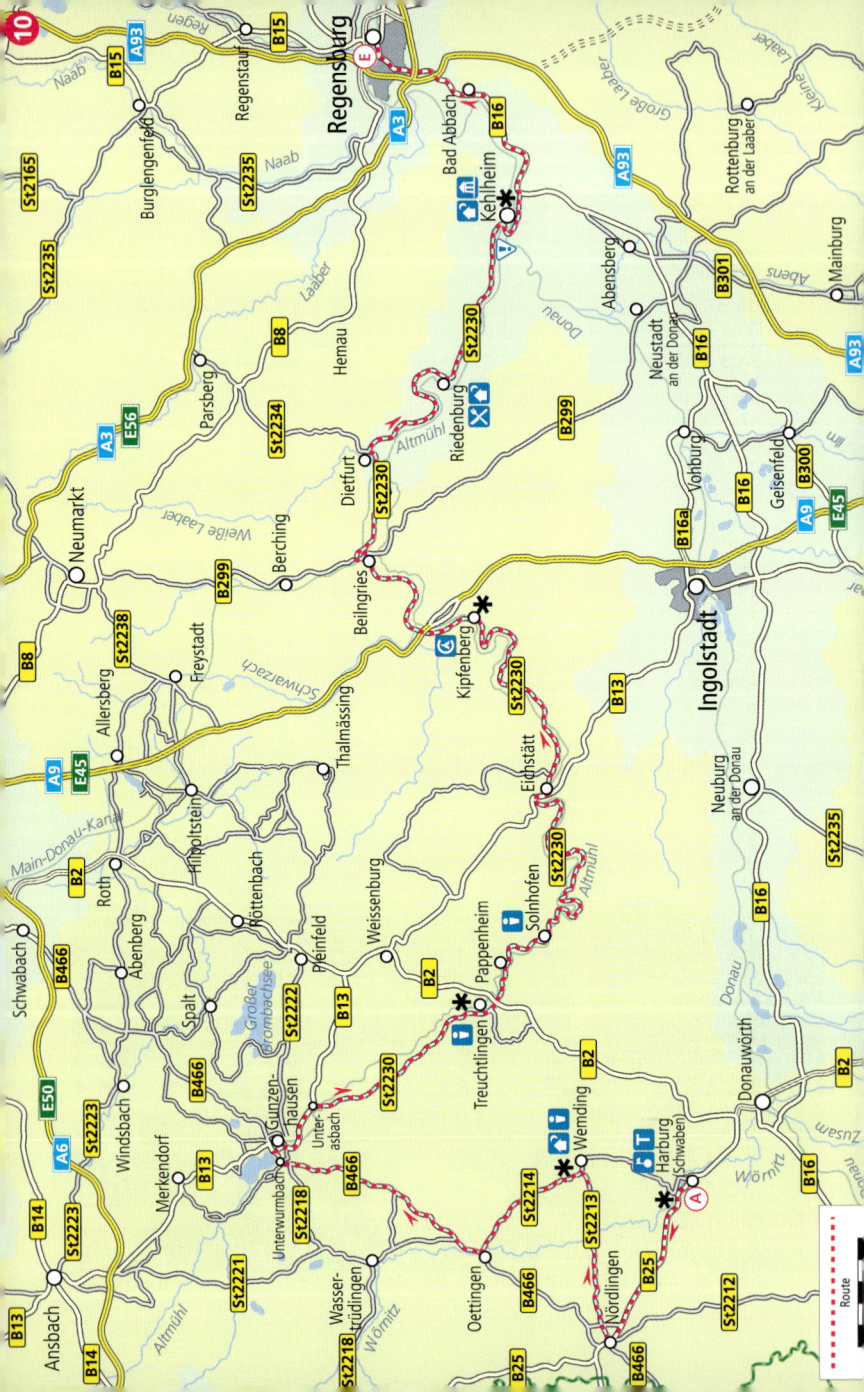

Roadbook 10 Altmühltal

Nr.	km	Position	Richtung	Information		
14	233	**Kelheim**		links der B 16 bis Regensburg folgen	B 16 / 21	✳ 🔵 📧 ▷
13	212	**Riedenburg**		auf der St 2230 bleiben	St 2230 / 19,5	❌ 🔵
12	192,5	**Beilngries**		erneut rechts in Richtung St 2230	St 2230 / 26,5	
11	166	**Beilngries**		rechts der B 299 0,5 km, dann links über den Fluss	B 299 / 0,5	
10	165,5	**Kipfenberg**		weiterhin auf der St 2230	St 2230 / 16	✳ P 🕓
9	149,5	**Eichstätt**		links nach Kipfenberg	St 2230 / 23	
8	126,5	**Solnhofen**		geradeaus Richtung Eichstätt	St 2230 / 27	P ℹ

Tour 10

Nr.	km	Position	Richtung	Information		
7	99,5	**Treuchtlingen**	↰	links halten – auf der St 2230 bleiben		**St 2230** 12,5
6	87	**hinter Unterasbach**	↱	rechts abbiegen auf die St 2230 Richtung Treuchtlingen	✱ 🛈	**St 2230** 19
5	68	**bei Unterwurmbach**	↱	rechts abbiegen – auf der B 13 um Gunzenhausen herum		**B 13** 7
4	61	**Oettingen**	↱	rechts in Ri. Gunzenhausen		**B 466** 12,5
3	48,5	**Wemding**	↰	links auf die St 2214	🔄 🅿 ✱ 🛈	**St 2214** 13
2	35,5	**Nördlingen**	↱	in Nördlingen zweimal rechts		**St 2313** 18
1	17,5	**Harburg**	←	geradeaus	🔄 🛈 ✱	**B 25** 17,5

SEHENSWERT

Brauerei-Museum im Felsenkeller-Labyrinth in Beilngries im Naturpark Altmühltal.
Öffnungszeiten: während der Urlaubssaison jeden Samstag um 10.30 Uhr.
Gruppenführungen ganzjährig nach Vereinbarung.
Informationen:
Firma J.B.Prinster
Bräuhausstr. 36
92339 Beilngries
Tel. 08461/10 33
Fax 08461/76 06
prinstner@t-online.de

Kloster Weltenburg mit Donaudurchbruch
Asamstr. 32
93309 Kelheim
Tel. 09441/6 75 70
Fax 09441/67 57 26
info@klosterschenke-weltenburg.de
www.klosterschenke-weltenburg.de
Der Donaudurchbruch wurde zum UNESCO-Naturdenkmal erkoren. Das Kloster in seiner barocken Pracht ist ebenfalls eine Schau.
Täglich geöffnet.

VERANSTALTUNGEN

Endurotouren und Kurse
WD Adventure Tours
Brucklacherstr. 5a
86641 Rain
Tel. 09090/92 08 66
Fax 09090/92 08 67
wd-adventure-tours@t-online.de
www.wd-adventure-tours.de

Klettern im Altmühltal
Die Kletterhänge des Jura haben Schwierigkeitsgrade von V bis X. Kondition und Können ist also gefragt. Leichtere Touren gibt es bei Eichstätt. Information und Kartenmaterial beim Alpenverein.
Internet www.alpenverein.de oder beim Szenetreff der Kletterer: Felsenwastlwirt, Tel. 09447/3 62.

Spielbank Kötzing
Untere Au 2
93444 Kötzing
Tel. 09941/9 44 80
koetzing@spielbanken-bayern.de
www.spielbanken-bayern.de
Die Spielbank liegt im Nordosten von Regensburg und ist das neueste Casino in Bayern. Black Jack, Poker etc. – alles ist geboten. Krawatte ist Pflicht!

EINKAUFEN

Einkaufen auf dem Bauernhof
Spreng Josef
Eichstätter Str. 9
85111 Adelschlag
Tel. 08424/2 75
Jungbullenfleisch, Rindersalami, Rotwildfleisch.

Forster Michael
Schulstr. 9
93336 Altmannstein
Tel. 09446/12 85
Info@MichaelForster.de
www.hopfenerlebnishof.de
Hopfenprodukte und hausgemachte Wurst.

Weltberühmter Pflichttermin: Kloster Andechs über dem Ammersee

Von der Sonne verwöhnt: bayerische
Bilderbuch-Landschaft im Sommer

*Im Geigenhimmel:
Blick auf Mittenwald*

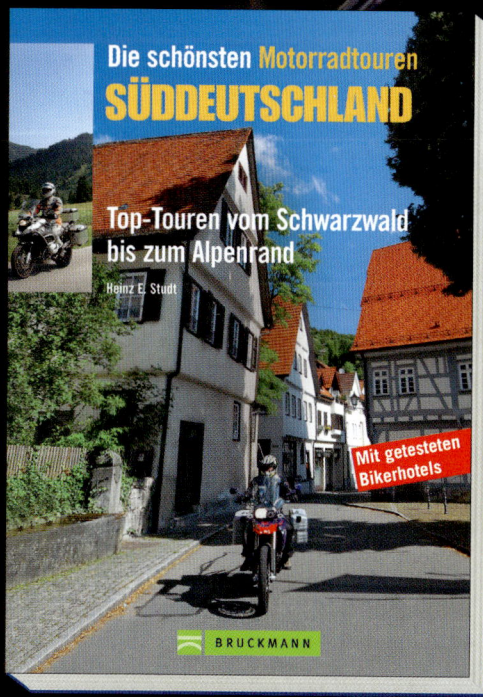

Register